최욱환 수상록

길을 묻는 젊은이에게

여백

길을 묻는 젊은이에게

책을 펴내며

휴대폰 없는 세상은 상상할 수조차 없습니다. 모바일 시대가 우리에게 새로운 문제들을 야기하고 있습니다. 모든 게 가능해진 시대이면서, 동시에 모든 것을 잃을 수도 있는 시대인 것이지요.

이 책은 성공학이나 처세술 책이 아닙니다. 세상을 좀 더 오래 산 사람으로서 필자의 경험과 통찰이 젊은이들 인생에 도움이 되기를 바라는 마음으로 이 책을 펴냅니다.

마음이 흔들릴 때, 삶의 무게가 무겁다고 느껴질 때, 내 삶의 방향성에 의문이 들 때 이 책이 위로가 되고 지혜가 되어주기를 바랍니다.

우리는 많은 꿈을 가지고 삽니다. 당장 이번 시험에서 좋은 성적을 얻는 것? 유수한 대학을 나와 좋은 회사에 취업하는 것? 또, 사회로 나가 명성을 얻고 싶다거나, 부를 많이 일궈 부자로 살고 싶다거나… 누구나 크고 작은 소망을 품고 살아가고 있습니다.

 하지만 중요한 건 어느 누구도 내 삶을 대신 살아주지 않는다는 사실이지요. 눈앞에 놓여 있는 하기 싫은 일, 힘든 일을 내가 직접 겪어내면서 나의 인생 목표를 향해 나가야 하는 것이지요. 그래서 우리가 크고 작은 꿈을 하나씩 하나씩 이루어가며 산다는 일은 만만치 않습니다.

 필자는 청소년과 청년들을 위한 장학사업을 꾸준히 해오고 있습니다. 1982년 창립한 내 고향의 재단법인 보은장학회, 필자가 졸업한 모교 장학회 등이 있고, 특히 2002년 재단법인 우림장학재단을 만들어 20여 년간 장학회를 이끌다 보니 여기서 만난 학생들만 1,500여 명이 넘더군요. 돌아보니 그동안 적지 않은 젊은이들을 만났고, 그들의 고민을 듣고 그들을 이해하려고 애쓰면서 그들의 장래를 축복해주며 살았습니다.

이제 필자의 나이 아흔 살이 됩니다. 90 인생을 살아보니 사람들 인생 길이 어느 정도 보이는 눈이 떠지더군요. 만약 인생 시험을 다시 본다고 하면 만점을 받을 만한 나이쯤은 된 것 같습니다.

그런데 이것도 지나친 과신이지요. 다시 돌아가 살아보라고 하면 나 역시 장담할 수 없는 게 인생이니까요.

그러나 젊은이들이 마주하고 있고, 또 앞으로 마주하게 될 삶의 과정에 도움은 줄 수 있을 것 같습니다. 지난 40여 년 동안 장학생들을 만나면서 질문하고 고민하고 격려하는 삶을 살았기 때문에 더욱 그렇습니다.

우림장학재단 장학생들을 위해 발행하는 뉴스레터에 썼던 권두언을 중심으로 다시 엮었습니다. 한 편의 글, 한 줄의 문장이라도 젊은이들 인생에 도움이 되기를 바라는 마음으로 이 책을 펴냅니다.

필자가 살아오면서 고민한 삶의 가치들에 대해 같이 생각하면서 무엇이 나를 행복한 삶으로 이끌어줄 것인가 하는 의문에 답이 되어준다면 좋겠습니다.

2025년 늦여름
지은이 **최 욱 환**

차례

길을 묻는 젊은이에게

1부 내가 가야 할 길은 어디인가

300년 된 바이올린	13
희망은 어둠을 밝힌다	17
5시간 29분	21
처음 가는 인생길	25
종이 한 장 차이	28
밀레니얼 세대에게	32
지금 이것을 그때도 알았더라면	36
고무풍선과 자존감	39
야곱의 우물	43
창랑지수의 가르침	47
배움에 끝은 없다	51
살기 좋은 도시	55
생활의 달인	58

2부 길을 묻는 젊은이에게

길을 여시는 분	63
자신에게 엄격하라	66
공부의 목적	69
희망은 어디서 싹트는가	73
역경 앞에서	76
'안단테'로 살기	79
참된 친구	83
선한 사마리아인	87
행복은 어디서 올까	90
나병환자 열 명과 기도	93

3부 아흔 해를 살아보니

부지런히 살라는 참뜻 — 99
감사하는 마음 — 103
정결은 하나님께 이르는 길 — 107
술과 마약에 대하여 — 111
부끄러운 1위 — 115
고전에서 배운 것들 — 119
내일을 준비하는 사람 — 122
이웃 사랑의 의미 — 125
갈릴리 바다의 교훈 — 129
직업과 봉사 — 132

4부 나의 기도, 나의 기쁨

청년과 교회 — 137
진리의 빛을 찾아서 — 140
말일성도 예수그리스도 교회 — 144
복음을 가슴에 안고 — 148
선교 사역 이야기 — 152
두려운 날이 오기 전에 — 156
가장 아름다운 추억 — 160
정직과 회개 — 164
삶의 뿌리 — 168
자립의 복음 — 171
이웃 사랑이 희망이다 — 174

5부 새로운 시작을 위하여

새날이 온다면	181
가장 작은 사람	185
사랑의 도구	189
목자의 눈	193
산청(山淸)—마음의 회복	197
수청(水淸)—생명과 정의의 순환	201
인청(人淸)—인간다움의 회복	204
믿음의 별자리	207
용서는 새 출발이다	210
나답게 사는 법	213
내일은 내일의 태양이	217
내리사랑은 계속된다	221

1부

내가
가야 할 길은
어디인가

우리가 하나의 목표를 세웠다면 그것에 이르는 길은 여럿입니다.
어느 길을 가든지 그곳에 도달할 수 있습니다. 단, 미래는 그 미래를 위해
준비하고 노력하는 사람의 것이 된다는 사실입니다.

300년 된 바이올린

전설의 악기가 탄생한 17세기 후반부터 18세기 초기에 유럽은 '작은 빙하기'라고 불릴 정도로 유난히 추위가 심했다고 합니다.

가끔 화제로 떠오르는 바이올린에 관한 이야기를 해보려고 합니다. 오늘날 연주되고 있는 악기 중에 최고로 치는 것들 중에 18세기 초 제작된 바이올린이 있습니다.

이탈리아의 현악기 장인으로 유명한 과리네리 델 제수(1698~1744)가 1741년에 만든 '뷔땅 과르네리'는 무려 260억 원이 넘는 고가품입니다. 안토니오 스트라디바리우스(1644~1737)가 1721년에 만든 바이올린도 195억 원에 경매되었고, 1716년산 '스트라디바리우스'는 옥스퍼드 박물관에 보관중인데 평가액이 무려 2천억 원이 넘는다고 합니다. 이 악기는 실제 연주되지는 않는데, 그래서 메시아가 올 때까지 기다린다는 의미로

'메시아 스트라디바리우스'라는 이름이 붙어 있습니다.

이러한 명품들은 상상을 초월하는 고가품이라서 유명한 게 아니라, 수백 년 세월이 흘렀어도 섬세하고 풍부한 음색으로 그 가치가 더 높아지는 데다가 희소성 때문에 비싼 가격이 매겨지고 있는 것입니다.

명품 악기들은 좋은 목재에 장인의 기술이 입혀져 수백 년 세월 속에 자연스럽게 숙성된 음색, 그리고 그 위에 역사적 가치가 더해져 최고의 악기로 인정받고 있습니다.

이러한 바이올린의 주재료가 되는 목재에 얽힌 흥미로운 이야기가 있습니다. 전설의 악기가 탄생한 17세기 후반부터 18세기 초기에 유럽은 '작은 빙하기'라고 불릴 정도로 유난히 추위가 심했다고 합니다. 그 관계로 나무가 느리게 자랄 수밖에 없어 나이테 간격이 촘촘하고, 목재의 밀도와 균일성이 높았습니다.

바이올린은 오랫동안 자연건조된 유럽의 가문비나무와 단풍나무를 쓰는데, '작은 빙하기'에 자란 나무가 진동의 전달력이 뛰어나 명기로 탄생할 수 있었다는 것입니다.

유난히 추웠던 '작은 빙하기'가 나무들한테는 시련을 안겨주었을 것입니다. 나무 성장에 좋은 환경이 아니라서 더디게 자랐을 것이고, 목질은 단단해질 수밖에 없었습니다. 그러나 이렇게 자란 나무가 최고의 악기로 태어났다는 사실은 우리에게 무언가 영감을 전해주고 있습니다.

이 세상에서 가장 아름다운 것은 어려움을 딛고 일어선 사람들입니다. 수많은 아픔과 괴로움을 참아 이겨내는 일은 참으로 어려운 일입니다. 하지만 눈앞의 시련에 얽매이지 않고 멀리 목표를 세워 그것을 향해 쉼 없이 나아갈 때 결실을 맺게 된다는 사실을 알 수 있습니다.

"이 세상에서 우리가 얻는 예지는 어떠한 것이든지 다 부활할 때에 우리와 함께 부활하리라. 만일 어느 사람이 근면하고 순종심이 강하여 다른 사람보다 한층 많은 지식과 예지를 얻었으면 장차 오는 세상에서 그만큼의 유익을 얻으리라."(교리와 성약 130:18~19)

한파 속에서 더디게 자란 나무가 훌륭한 악기로 다시 태어나듯, 고난 속에서도 목표를 향해 한 걸음 한 걸음씩 내딛는 사람이 꿈을 이룰 수 있습니다. 오직 부지런함이 성공의 비결입니다. 예지에 예지를 더하고, 근면에 근면을 더하다 보면 온갖 시련도 나를 일으켜 세우는 단련의 시간이 됩니다.

필자는 주위에서 이런 사례를 많이 보았습니다. 지금 당장의 고난은 힘겨울지라도 하나하나 근면하게 헤쳐 나아갈 때, 훗날 되돌아보면 그 고난이 나를 단련시키고 키워주었다는 사실을 깨닫게 될 것입니다.

희망은 어둠을 밝힌다

**자신의 미래에 대해 확고한 신념이 없다면 먼저 내 가슴에 희망을 품으십시오.
지금 내가 처한 여건이 힘겹다 느낀다면 열심으로 매진해 나가십시오.**

쪽에서 뽑아낸 푸른색 물감이 본래의 쪽보다 더 푸르다는 말이 있습니다. 중국 《순자》라는 책에 나오는 '청출어람 청어람(靑出於藍 靑於藍)'이란 말입니다. 우리가 흔히 '청출어람'이라고 쓰는 말입니다.

순자(荀子)는 중국 전국시대 후기인 기원전 250년대 즈음에 활동한 철학자입니다. 그의 제자들이 그의 가르침을 정리했고, 당나라 때의 양경이 이를 다시 20권으로 정리한 책이 《순자》이지요.

《순자》의 지혜는 오늘날까지도 이어지고 있습니다. "임금은 배이고 백성은 물이다. 물은 배를 띄우기도 하지만 배를 뒤집기도 한다." 즉, '군주

민수(君舟民水)'라는 말은 요즘도 자주 인용되고 있습니다.

"준마(駿馬)는 하루에 천 리를 가지만, 노마(駑馬: 느린 말)도 열흘을 계속 달리면 따라갈 수 있다."라는 말도 있습니다. 이를 '노마십가(駑馬十駕)'라고 합니다. 빠른 말이 하루면 갈 수 있는 길을 둔한 말이라도 열흘을 달리면 갈 수 있다는 뜻입니다. 즉, 재능이 좀 모자란 사람도 꾸준히 노력하면 인정받는 인물이 될 수 있다는 것이지요.

'청출어람'이란 말도 그렇습니다. 푸른색이 원래 쪽에서 나온 것이지만 쪽빛보다 더 푸르다는 뜻이니, 제자가 스승에게서 배웠으나 그 스승을 능가하는 사람이 될 때 '청출어람'이라는 말을 씁니다.

그래서 스승이 그의 제자를 칭찬할 때 이 말을 쓰곤 합니다. 최고의 찬사인 거죠.

"청출어람 청어람(靑出於藍 靑於藍)이요, 빙생어수 한어수(氷生於水 寒於水)라."

푸른색은 쪽에서 나왔으나 쪽보다 더 푸르고, 얼음은 물에서 얼었으나 물보다 더 차갑다라는 뜻입니다.

2,300년 전 순자의 가르침이 오늘에도 이어지듯이 세상에는 시대를

관통하는 정신이 있습니다.

구한말, 우리나라 국권이 일본 제국주의에 넘어갔을 때 스스로 그 책임을 지고 자결한 충정공 민영환 선생의 글 가운데 이런 문구가 있습니다.

지심항약 야문뢰(持心恒若 夜聞雷)
구학절어 춘망우(求學切於 春望雨)

"마음가짐은 항상 밤에 우레를 듣는 것과 같이 하고,
배움을 간절히 구하기를 봄에 비를 기다리는 것과 같이 하라."

마음가짐을 항상 흐트러짐이 없도록 하고, 봄 가뭄으로 타들어가는 식물들이 비를 기다리는 것과 같이 배우기를 갈망한다면 성공하지 못할 것이 없다는 가르침입니다.

배움의 길을 걷고 있는 젊은이들이여!

자신의 미래에 대해 확고한 신념이 서지 않았더라도 먼저 내 가슴에 희망을 품으십시오. 지금 내가 처한 여건이 힘겹다 느낀다면 열심으로 매진해 나가십시오.

간절한 바람은 역경을 헤쳐나가는 힘이 될 것이고, 희망은 우리 앞의 어둠을 걷어내는 빛이 될 것입니다.

5시간 29분

**경기는 어떻게 더 나은 선수가 될 수 있는지 반성하게 해줍니다.
승패와 상관없이 많은 통찰과 교훈을 줍니다.**

최근 역사에 남을 테니스 경기가 있었습니다. 지난 6월 8일, 스페인의 카를로스 알카라즈(Carlos Alcaraz)와 이탈리아의 야닉 시너(Jannik Sinner) 선수가 대결한 2025 프랑스오픈 남자 결승전 이야기입니다.

이날 결승전은 무려 5시간 29분 만에 승부가 났습니다. 이 대회 역사상 최장 시간 경기라고 합니다. 체력 소모가 많은 테니스 경기, 그것도 클레이 코트에서 5시간 넘게 뛴다는 것은 놀라운 일입니다. 더구나 기나긴 시간 내내 영화 같은 명장면이 끊이지 않았습니다.

알카라즈는 처음 2세트를 내리 빼앗기고서도 남은 3세트를 이겨 드라

마틱한 역전승을 거뒀습니다. 그만큼 박빙의 승부였고, 드라마 같은 경기였습니다. 두 선수 모두 포기하지 않는 스포츠 정신으로 볼 하나하나에 온 힘을 실어 대결했습니다.

또 하나 놀라운 점은 22살의 알카라즈, 24살의 시너, 두 선수 모두 2000년대생이란 사실입니다. 쟁쟁한 세계적 스타들… 지난 20년 동안 세계 테니스를 주도했던 로저 페더러(스위스), 라파엘 나달(스페인), 노박 조코비치(세르비아)의 뒤를 이어 차세대 스타로 올라섰습니다.

이 경기를 보고 이런 생각을 가졌습니다. 뛰어난 기량과 체력도 중요하지만 정신력이 더 중요하다는 사실입니다. 준결승에서 조코비치를 꺾은 알카라즈가 결승전을 앞두고 이렇게 인터뷰했습니다.

"지금은 야닉 시너가 최고의 선수입니다. 모든 상대를 압도하고 있어요. 저는 그 선수와 하는 경기를 좋아해요. 하지만 대부분 고통의 연속이지요. 그가 한계까지 몰아붙이니까요. 경기는 어떻게 더 나은 선수가 될 수 있는지 반성하게 해줍니다. 승패와 상관없이 많은 통찰과 교훈을 줍니다. 아름다운 일이라고 생각합니다."

역사에 길이 남을 경기, 알카라즈와 시너가 보여준 5시간 29분간의 명

승부는 우리에게 정신력과 의지의 중요성을 다시 한번 일깨워주었습니다.

선수들은 한 포인트 한 포인트가 전투와 가깝습니다. 공을 쫓아서 달리고 힘을 주어 공을 때리려면 전신 근육을 써야 하고, 매번 단거리를 전력질주하듯 달려야 합니다. 상대의 전술을 읽고 대응하는 것도 쉽지 않은 일이지만 언제 끝날지 모르는 긴 랠리는 정신을 극도로 피로하게 합니다.

아칼라즈가 한 말 중에서 '어떻게 더 나은 선수가 될 수 있는지'를 생각하는 태도가 저는 마음에 와닿았습니다. 운동선수가 아니더라도 우리는 '더 나은 나'를 위해 오늘을 살고 있습니다.

우리도 어떻게 끝날지, 언제 도달할지 알 수 없는 경기를 벌이고 있는 선수와 같다고 봅니다. 내가 가는 이 길이 어디로 이어질지 막연할 수도 있고, 빨리 성과를 내고 싶어 조급할 수도 있지요.

하지만 한 포인트 한 포인트 집중하는 선수들처럼 오늘 한순간 한순간에 충실하는 태도를 가져야 합니다.

19세기 초 미국의 유명한 시인이자 사상가인 랄프 왈도 에머슨은 "가장 큰 낭비는 시간이 아니라 기회의 낭비"라고 했습니다. 전도서 3장 1절은 "범사에 기한이 있고, 천하 만사가 다 때가 있나니"라고 선포하고 있습니다.

하나님께서 허락하신 '오늘'이라는 시간은 단순한 하루가 아닙니다. 미래를 준비하는 우리 인생의 디딤돌입니다. 기회를 잘 경영하는 것이 곧 영혼을 잘 경영하는 것입니다. 오늘 하루의 내 태도가 인생 전체의 방향을 좌우합니다.

처음 가는 인생길

장차 어떤 직업을 갖고 어떤 역할을 하는 사람이 될까를 고민하기보다는 미래를 위해 오늘 무엇을 준비하고 무엇을 해야 하는가를 고민해야 합니다.

한 번도 가보지 않은 길을 갈 때는 길이 참 멀어 보입니다. 처음 가는 길이라 의문과 불안감을 떨쳐낼 수가 없습니다. 지금 가고 있는 길이 맞는 건지, 또 얼마나 더 가야 목적지가 나오는지 의심에 의심이 이어집니다.

그런데, 필자의 경험을 보더라도 우리 인생도 이와 같더군요. 내가 꿈꾸는 미래가 어디쯤일까, 꿈을 이루는 날이 언제쯤일까 궁금하기 마련입니다. 특히나 자신의 미래에 대해 고민이 많은 젊은이라면 더 근본적이고 심각한 의문에 빠지게 됩니다. 장차 나는 어떤 사람이 될 것인가? 나는 어떤 직업을 갖게 되며, 어떠한 역할을 하며 살아가게 될지 궁금해하게 됩니다.

그렇지만 참으로 알 수 없는 것이 우리들 인생입니다. 한 치 앞을 알 수 없는 게 인생이라고 할 만큼 누구에게나 미래는 불확실한 법입니다.

그래서 인생의 목표보다 더 중요한 것은 그에 대한 준비와 의지입니다. 목표가 미래를 위한 설계도라고 한다면, 성공의 요건은 목표에 이르기 위한 지혜롭고 구체적인 계획에 달려 있습니다.

우리가 하나의 목표를 세웠다면 그것에 이르는 길은 여럿입니다. 어느 길을 가든지 그곳에 도달할 수 있습니다. 단, 미래는 그 미래를 위해 준비하고 노력하는 사람의 것이 된다는 사실입니다.

미래는 그 미래를 향해 지금 이 순간 한 걸음 한 걸음 내딛는 사람의 것입니다. 장차 어떤 직업을 갖고 어떤 역할을 하는 사람이 될까를 고민하기보다는 그 미래를 위해 오늘 무엇을 준비하고 무엇을 해야 하는가를 고민해야 합니다.

우리 교회의 성경 가운데 교리와 성약 58편 27절에 이런 말씀이 있습니다.

"사람은 부지런히 선한 일을 하고, 많은 것을 자발적으로 하며, 많은 의로운 일을 스스로 이루어야 하느니라."

내가 바라고 꿈꾸는 직업, 명예, 혹은 경제적 안정 등은 하나의 목표가 될 수 있습니다. 그리고 그 목표를 세웠다면 어느 길을 가든지 그곳에 도달할 수 있습니다. 다만 그 목표를 위해 지혜롭고 구체적인 계획을 세우고 쉼없이 정진하는 것, 그것만이 목표에 이르는 지름길이 된다는 점을 기억해야 합니다.

종이 한 장 차이

**오히려 작은 습관, 작은 선택, 사소한 만남 같은 것들이
모이고 모여서 한 사람의 미래를 결정짓게 되더라는 것이지요.**

청춘은 젊다는 사실 그 자체로서 보물입니다. 더욱이 청년들에겐 무한한 가능성이란 더 소중한 보물이 있습니다.

앞으로 나아갈 수 있는 진로가 다양하게 열려 있고, 지금 당장은 모자라지만 자신의 능력을 점점 더 키워갈 수 있는 기회가 주어진다는 것은 아무에게나 부여되는 게 아닙니다. 이것을 젊음의 특권이라고도 합니다.

하지만 정작 그 나이에 있는 사람들 중에는 그 보물의 존재를 알지 못하는 경우가 꽤 있더군요. 또는 자신의 미래와 목표에 대해 확고한 신념이나 자신감을 갖지 못한 경우도 많은 것 같습니다.

청년기에는 진로나 직업의 선택 등 자신이 나아갈 방향에 대해 여러 복합적인 요소들이 영향을 미칩니다. 여기에는 자기의 내적 요소도 있고, 환경과 같은 외적인 요소도 있지요.

이 가운데서 강조하고 싶은 것은 자기 자신을 믿고, 스스로 선택하고 결정하는 힘을 기르라는 점입니다.

내가 살아온 경험에 비추어 보더라도 한 사람의 인생을 좌우하는 요소는 어떤 결정적인 계기나 거대한 선택에 있지 않더라는 사실입니다. 오히려 작은 습관, 작은 선택, 사소한 만남 같은 것들이 모이고 모여서 한 사람의 미래를 결정짓게 되더라는 것이지요.

지금 당장은 사소해 보이는 것들인데, 그것이 모이고 모여서 결국 인생에서 행복과 성공을 가르는 결정적 요소가 되더군요. 흔히 우리가 '종이 한 장 차이'라고 말할 만큼 작고 미세한 차이들이 복합적으로 작용해서 인생의 향방을 좌우하게 되더란 것이지요.

그러니 순간순간을 소홀히 하지 않고 세심하게 챙기는 태도를 가지십시오. 한 권의 책, 감동적인 한마디 말이나 한순간의 성찰, 한 차례의 용기 같은 작은 순간들이 조금씩 영향을 미침으로써 결국 한 사람의 인생을 결정하더란 것입니다. 즉, 사소한 선택의 결과들이 쌓여서 위대한 결과를 만들더라는 사실입니다.

   성공이란 결과는 커 보이지만 그 시작은 작은 차이로부터 출발합니다. 세계에서 가장 빨리 달리는 사람은 일반적인 사람보다 5퍼센트밖에 더 빠르지 않습니다. 실험실에서 좀 더 많은 시간을 보낸 결과로 큰 차이가 나는 과학자가 배출된다는 거죠.
   자신의 일에 대한 확신을 가지고 차근차근 노력할 때 삶의 보람을 거두게 됩니다. 오늘의 작은 차이를 만들려는 노력을 계속하다 보면 목표에 다가서게 됩니다.

   그러나 인생이라는 항해는 앞날을 예측하기가 어렵습니다. 우리가 살아가는 세상은 바다와 같이 넓고 거칩니다. 내 주변의 환경은 끝없이 변하고 나의 의지와는 상관없이 끝없이 요동칩니다. 거친 바다에서는 길을 잃을 수도 있습니다.
   이때 자기의 존재를 알아볼 수 있는 지표를 갖고 있거나 그것을 찾아야 합니다. 만약 항해중인 배가 폭풍우에 길을 잃어버렸다면 절대 하늘의 구름을 보고 항로를 찾으려 하지 않을 것입니다. 무엇인가 믿을 수 있는 목표를 보고 길을 찾을 게 아니겠습니까?

우리 인생에 있어서 지표는 목표와 신념입니다. 심리학자 윌리엄 제임스는 "나에게 가장 진실한 것은 나의 생각이다."라고 말했습니다. 우리에게 중요한 것은 우리가 마음으로 느끼는 것, 다시 말해서 우리 자신의 '믿음'입니다. 하늘의 구름같이 떠도는 믿음이 아니라 별과 같이 확고한 믿음이 우리의 항로를 지켜주는 것입니다.

특히 시간을 아껴 쓰십시오. 같은 시간을 쓰더라도 그속에서 작은 차이를 만들려고 노력하십시오. '종이 한 장의 차이'가 쌓이고 쌓여서 큰 차이를 만드는 것입니다.

밀레니얼 세대에게

구시대에서 이어져 온 사회의 구조적 문제를 해소하고 바꾸려는 노력이 필요한 것이지요. 언제나 오늘의 선택이 내일을 만드는 것입니다.

　　어느새 25년이나 지난 옛 얘기가 되고 말았는데, 서기 2000년이 다가올 당시 전 세계가 무척 혼란스러웠지요. '뉴 밀레니엄' 시대를 열게 된다고 환호하는 동시에 '새 천년'이 몰고 올 혼란에 대해 걱정들이 많았습니다.

　특히 컴퓨터에서 벌어질 오류 때문에 말들이 많았습니다. 예를 들어 그동안 연도 숫자를 두 자릿수로 입력해 온 방식을 따르면 2000년이 '00'년이 되는데, '00'년을 1900년으로 인식함으로써 벌어질 오류로 인해 사고와 재난이 발생할 수 있다는 우려가 컸던 것입니다.

　그리하여 금융, 항공철도, 군사 등 여러 분야에서 오류가 발생해 대형

사고로 이어질 수 있다는 예측이 나왔습니다. 개인과 기업, 국가 등이 사용하고 있는 컴퓨터에 어떤 문제가 발생할지 걱정했습니다. 개인이 사용하던 컴퓨터의 자료들이 한순간 날아가 버린다거나, 심지어 전시에 대비해 세팅해두었던 미사일이 실제 발사되는 상황이 벌어질 수도 있다는 것이었지요. 뉴 밀레니엄을 맞이한다는 게 마냥 기쁜 일만은 아니었답니다.

1999년 12월 31일이 저물고, 마침내 2000년 1월 1일 새날을 맞이했습니다. 나라마다 특별한 카운트 다운 행사가 열렸습니다. 서력(西曆)의 앞자리가 '1'에서 '2'로 바뀌는 새 천년이니까요.

또 한편으로는 어떤 재앙이 현실로 나타날지 촉각을 곤두세웠습니다. 그런데, 커다란 재난이나 사고 없이 뉴 밀레니엄 시대가 순조롭게 시작되었습니다. 물론 사전에 문제 해결을 위해 대비한 결과이기도 했으나 조용히 새해가 시작되었습니다.

밀레니얼(Millennial) 세대라는 용어가 있습니다. 1980년대에서 2000년 전후로 태어난 이들을 그렇게 부릅니다. 이들은 아날로그를 거쳐서 디지털 시대로 이어지는 젊은 세대입니다. 개성이 강할 뿐만 아니라 자기표

현에 익숙하고 전통적인 성공 기준보다는 자기 만족과 가치 실현을 중시한다는 특징이 있습니다.

그런 반면에 이 세대가 처한 현실을 자조적으로 해석하는 용어도 있었습니다. 'N포세대'란 말이 대표적인데, 참 안쓰럽기 짝이 없는 말이었습니다. 청년들이 연애와 결혼, 출산을 포기한다는 '3포'를 넘어 모든 걸 포기해야 한다는 'N포세대'라는 말까지 나왔던 것이죠. '헬조선' 같은 말도 있을 만큼 사회 불신과 비판의식이 높아진 세대이기도 했습니다.

이들은 어린 시절에 국가 경제가 부도 직전까지 갔었던 IMF 외환위기를 거쳤고, 대학생이 되자마자 바로 좁은 취업 문을 뚫기 위해 무한경쟁으로 내몰렸고, 치솟는 물가와 부동산값 급등에 결혼마저 포기할 정도로 고통을 받았지요. 우리 사회와 경제의 구조적 문제들을 고스란히 껴안아야 했던 세대들이라서 이들 앞에 놓인 현실이 너무 안 좋았던 것이지요.

이 과정을 거친 이들이 지금은 우리 사회를 끌어가는 중심 세대가 되었습니다. 'N포세대'를 자처하던 이들은 '워라밸(work-life balance의 줄임말)'을 넘어서 개인적 삶의 질을 더 중시하는 쪽으로 돌아서고 말았습니다.

그런데 이런 추세를 바라보며 이런 생각을 합니다. 과거는 우리를 묶는 사슬이 아니라 현실을 개선하고 성장하는 계기가 되어야 한다는 것이지요.

시대에서 이어져 온 사회의 구조적 문제를 해소하고 바꾸려는 노력이 필요한 것이지요. 시대를 불문하고 언제나 오늘의 선택이 내일을 만드는 것입니다.

시대의 갈등과 모순에 매몰되지 말고 21세기의 풍요를 만들겠다는 도전적인 시선을 가져보면 어떨까요? 이대로 침체되지 않고 새롭게 도약할 수 있는 기회가 그대들 앞에 있습니다.

지금 이것을 그때도 알았더라면

지금의 고통이 훗날 행복의 씨앗이 될지, 또는 지금의 행복이 훗날 불행의 씨앗이 될지 알지 못하는 것이 세상의 이치입니다.

아름다운 폭포를 보러 간 어느 여행자의 이야기가 있습니다. 거대한 폭포수가 절벽 아래로 떨어지는 광경을 보고 있었는데, 그 위쪽 강물에서 헤엄치고 있는 백조 몇 마리를 목격했습니다.

새들은 폭포수가 떨어지고 있는 곳으로 서서히 밀려가고 있었는데 벼랑 끝에 다다른 것을 알아챈 어미 백조가 다급하게 날아오르며 큰 소리로 어린 백조들에게 날아오를 것을 재촉하였습니다. 하지만 위험 신호를 알아채지 못한 그들은 곧 급류에 휘말려 버리고 말았습니다. 어린 백조들이 서둘러 날갯짓을 쳐보았으나 때는 이미 늦고 말았습니다. 그리고 그들은 폭포에 휘말려 절벽 아래로 떨어져 바위에 부딪혀 죽고 말았습니다.

　오래전 나왔던 류시화 시인의 《지금 알고 있는 걸 그때도 알았더라면》이라는 시집이 있었습니다. 철학자와 시인들의 잠언들을 엮은 시집입니다.
　사람들은 자신이 살아온 날을 되돌아보면 세상을 제대로 모르고 살았었구나 하는 자책의 마음이 들곤 합니다. 그래서 지금 알고 있는 것을 그때 알았더라면 내가 더 현명하게 대응하고 더 잘 살았을 것이라는 후회의 마음이 드는 것이지요.
　그러나 누구나 내일을 모르고 사는 게 당연합니다. 지금의 고통이 훗날 행복의 씨앗이 될지, 또는 지금의 행복이 훗날 불행의 씨앗이 될지 알지 못하는 것이 세상의 이치입니다.
　그 누구도 다가올 미래를 알 수 없습니다. 다만, 앞서간 이들이 들려주는 경험과 지혜를 통해 시행착오를 줄이고, 보다 현명한 판단으로 미래를 대비하는 방법이 있을 뿐입니다. 이것이 선인들의 가르침이 왜 소중한지를 시사해주는 것입니다.

　'멘토(Mentor)'라는 말이 있습니다. 배우는 과정에 있는 이에게 인생의 진로에 대해 함께 고민하고 도움을 주는 조력자를 일컫는 말입니다.

이 말의 유래는 고대 그리스로 거슬러 올라갑니다. 오디세우스가 트로이 전쟁에 참전하러 가면서 친구에게 아들 텔레마코스를 맡겼는데, 그 친구의 이름이 바로 멘토였던 것이지요. 이후 멘토는 자신의 경험과 지혜를 전해주는 사람을 의미하게 되었고, 그에게 도움을 받는 사람을 '멘티(Mentee)'라고 부르게 되었습니다.

메타(페이스북) 창업자 마크 저커버그가 난관에 가로막혀 있을 때 애플의 스티브 잡스에게서 기업가 정신과 제품에 대한 철학, 미래 비전에 대하여 조언을 얻었다는 일화는 멘토와 멘티의 모범적인 사례로 꼽히고 있지요.

어미 백조의 경고를 알아차려야 하듯이 빠르게 변화하는 이 시대에 과연 나는 어느 방향으로 나아가야 할지를 알려주는 멘토를 만나야 합니다. 그러나 멘토를 만나는 것보다 더 중요한 것은 내 인생의 조언자이자 스승이 될 선배나 어른을 모시겠다는 열린 자세입니다. 나에게 부족한 점을 알고, 그 부족한 것을 배우겠다는 열린 마음을 가져야 합니다.

오늘날 젊은이들에게는 멘토의 역할이 훨씬 더 큽니다. 학창시절 한때에 그치고 마는 멘토가 아니라 인생의 방향에 대해 함께 고민해주고 늘 곁에서 조언해줄 수 있는 인생의 동반자가 필요합니다. 내 삶의 지표가 되어줄 멘토를 찾아보시기 바랍니다.

고무풍선과 자존감

특히 학생 시절에 자존감은 어떤 일이든지 해내겠다는 자신감의 원천이 되고, 인격 형성에 큰 역할을 하게 됩니다.

'나는 누구인가?' 하는 막연한 궁금증을 가져본 적 있으신가요? 대체적으로 이런 의문은 앞뒤도 없이 문득문득 떠오를 때가 있고, 혹은 어떤 일을 제대로 해내지 못해 자신감이 떨어졌을 때나 스스로 회의가 들 때 이런 생각에 빠지곤 합니다.

사전적 의미로 자존감(自尊感)이란 자기 자신을 소중히 대하며 품위를 지키려는 감정입니다. 약간 뉘앙스가 다른 말로 자존심이란 말이 있습니다. 남에게 굽히지 아니하고 스스로를 높이는 마음을 자존심(自尊心)이라고 하지요.

자존감은 한마디로 자신을 존중하고 믿는 마음입니다. 특히 학생 시절에 자존감은 어떤 일이든지 해내겠다는 자신감의 원천이 되고, 인격 형성에 큰 역할을 하게 됩니다. 청년기의 자존감은 그 사람의 일생을 좌우할 수도 있습니다.

고무풍선을 인간에 비유하자면, 그 풍선 속에 들어 있는 바람을 자존감이라고 볼 수 있습니다. 그래서 고무풍선의 상태를 세 단계로 나누어 보면 자존감을 좀더 쉽게 이해할 수 있습니다.

첫 번째, 바람이 없을 때. 자존감이 전혀 없는 사람이지요. 이런 사람은 외모에도 무관심하고 매사에 무기력합니다. 두려운 마음이 많고, 적극성이 없으며 비판적인 성향입니다.

두 번째, 바람이 적당히 들어 있을 때. 외형적으로 보기 좋으며 날카롭게 모난것만 피할 수 있다면 어느 정도 거칠게 다루어도 능히 견뎌냅니다. 탄력성 있는 풍선처럼 포용력 있는 관용으로 주위와 잘 어울리며 주어진 임무를 잘 수행합니다.

세 번째, 바람이 너무 많을 때. 곧 터질 듯 빵빵한 풍선은 보기만 해도 불안하고, 세심하게 다루지 않으면 터지고 맙니다. 모양도 불규칙합니다. 즉, 지나친 자존감으로 자심감이 넘쳐 무엇이든지 다 할 것처럼 나서는 사람입니다. 상대방을 얕잡아보는 경향이 있고, 너그럽지 못하고 명

령적인 성격의 소유자입니다.

 이와 같은 세 가지 유형을 보면 나 자신이 어떤 자존감을 가져야 할지 알 수 있습니다.

 학생 때는 성적뿐만 아니라 가족이나 친구 관계, 얼굴, 운동 등 여러 측면에서 또래들과 비교하게 되어 자존감이 상처받기 쉽습니다. 그러다가 자존감이 떨어지게 되면 자꾸 남의 시선에 주눅이 들거나 스스로 부정적인 인식이 강해져 불안과 우울, 무기력증에 빠지게 됩니다.

 반면에 자존감을 잘 형성하면 어떤 실수나 실패에도 다시 일어나 도전하는 원동력이 되기도 합니다.

 남들과 비교하기보다는 나의 장점, 내가 성장한 부분을 찾아보고 '그래, 괜찮아. 다시 하면 되지.' 하는 긍정적인 생각으로 자신을 위로해 보십시오.

 주위에서도 학부모님이나 선생님, 친구들이 서로 격려해주고 북돋아주는 좋은 관계가 필요합니다. 개인적으로도 '나는 괜찮은 사람이야. 좀 더 노력하면 잘할 수 있어.' 하는 긍정적인 사고방식을 갖도록 해야 합니다.

다시 말하면, 청년기에 좋은 자존감을 쌓으려면 괜히 남들과 자신을 비교한다든가, 스스로 비하하지 않기를 바랍니다. 나 스스로 나를 칭찬하고 격려하여 자신을 소중히 여기는 마음을 갖도록 하십시오. 사람은 누구든, 언제든 실수하거나 힘에 부쳐 좌절할 수도 있습니다.

하지만 어떤 상황에서도 자신을 존중하고 자신을 믿는 사람, 그런 사람이 훌훌 털고 새롭게 출발할 수 있는 사람입니다. 자존감 있는 사람입니다.

야곱의 우물

> 육신의 갈증은 물로써 해소할 수 있지만 영혼의 갈증은 사랑과 진리, 그리고 존재의 의미를 마주할 때만 비로소 채워질 수 있습니다.

성지 예루살렘에서 북쪽으로 올라가면 고대 사마리아 땅 세겜 근처에 야곱이 직접 팠다고 하는 우물이 있습니다. 지금은 그리스 정교회가 관리하고 있는데, 이 우물은 단지 물을 긷는 곳이 아니라 영적 갈증과 생명의 은혜가 만나는 장소로 기억되고 있습니다.

요한복음 4장에는 이 우물가에서 예수님께서 사마리아 여인을 만나신 이야기가 나옵니다.

예수님께서도 갈릴리로 가는 행로에 피곤하여 우물 곁에 그대로 앉으

시니 때가 제 육시쯤 되었더라.

그때 사마리아 여자 하나가 물을 길러 왔으매 예수께서 물을 좀 달라 하시니 이는 제자들이 먹을 것을 사러 동네에 들어갔음이러라.

사마리아 여자가 가로되, 당신은 유대인으로서 어찌하여 사마리아 여자인 나에게 물을 달라 하나이까 하니 이는 유대인이 사마리아인과 상종치 아니함이러라.

예수께서 대답하여 가라사대, 네가 만일 하나님의 선물과 또 네게 물 좀 달라 하는 이가 누구인 줄 알았다면 네가 그에게 구하였을 것이요 그가 생수를 네게 주었을 것이라.

여자가 가로되, 주여 물 길을 그릇도 없고 이 우물은 깊은데 어디서 이 생수를 얻겠삽나이까. 우리 조상 야곱이 이 우물을 우리에게 주었고 또 여기서 자기와 자기 아들들과 짐승이 다 먹었으니 당신이 야곱보다 크니이까.

예수께서 대답하여 가라사대 이 물을 먹는 자마다 다시 목마르려니와 내가 주는 물을 마시는 자는 영원히 목마르지 아니하리니 내가 주는 물은 그 속에서 영생하도록 솟아나는 샘물이 되리라.(요한복음 4:6-14)

야곱의 우물은 예수 그리스도의 가르침을 통해 영생하도록 솟아나는 샘물로, 큰 의미의 물로 변화를 주고 있습니다.

　이 말씀은 종교적 교훈을 넘어 오늘날 우리들에게 깊은 울림을 전해줍니다. 육신의 갈증은 물로써 해소할 수 있지만 영혼의 갈증은 사랑과 진리, 그리고 존재의 의미를 마주할 때만 비로소 채워질 수 있기 때문입니다.

　동·서양 모두 물의 의미는 최선의 목표로 통합니다. 노자의 《도덕경》에 '상선약수(上善若水)'라는 말이 있습니다.
　"가장 높고 아름답고 착한 것은 물과 같다."
　물은 서로 다투지 않으며 낮은 곳으로 흘러가고, 스스로를 드러내지 않으면서도 모든 생명을 살립니다. 물은 겸손과 유연함, 생명력을 지님으로써 그 자체로 진리를 상징하며 성숙한 인격을 전하고 있습니다.

　물은 살아있는 생물의 70퍼센트 이상을 차지합니다. 물이 없으면 죽게 되는 것입니다. 물은 더러운 것을 깨끗하게 씻어줍니다. 또, 물은 순리를 거스르지 아니하고 높은 데서 낮은 곳으로 흘러갑니다. 물은 낮은 데서도 불평하지 아니하고 자신의 책임을 다합니다.
　우리는 아름답고 선한 공동체의 구성원이 되는, 꼭 필요한 사람으로 성장해야 합니다. 야곱의 우물, 상선약수의 의미를 실천하는 사람이 되길 바랍니다.

창랑지수(滄浪之水)의 가르침

**작은 잘못과 실수가 쌓이고 쌓이다 보면 내 삶의 궤적이
내가 바라던 길에서 너무 멀리 벗어나 있다는 것을 알게 됩니다.**

사필귀정(事必歸正)이란 말이 있습니다. 세상의 모든 일은 반드시 바른길로 돌아간다는 뜻입니다.

당장 눈앞의 이익에 빠져 정도에서 벗어나면 언젠가 그 과오에 대한 대가를 치르게 되는 법입니다. 따라서 누가 보든 안 보든 바른길을 가야 하고, 시류에 휩쓸려 자신을 잃어버리는 우를 범해서는 안 될 것입니다.

우리 현실을 보십시오. 한순간의 잘못이 점점 더 커져 결국은 모든 걸 잃게 되는 뉴스를 종종 보지 않습니까.

물은 높은 데서 낮은 곳으로 자연스럽게 흘러내려갑니다. 순리를 따라 살겠다는 신념이 필요합니다.

중국 춘추전국시대의 정치가이자 시인이었던 굴원(屈原, BC340~BC278)이 지은 〈어부사(漁父辭)〉를 소개합니다.

그는 초나라 귀족 출신으로서 고위관리를 지냈습니다. 그런데 너무도 청렴결백하여 주위의 모함을 받아 지방으로 추방을 당했습니다. 자신의 처지를 한탄하며 강가를 거닐고 있을 때 늙은 어부 한 사람을 만났습니다.

노인은 그에게 세상에 순응하면서 살 것을 일러주었으나 굴원은 이를 거부했습니다. 그리하여 노인이 창랑지수(滄浪之水)의 노래를 부르며 떠나가고 말았다는 일화가 있습니다.

굴원이 노인에게 자신의 처지를 이렇게 말했습니다. "온 세상이 악에 물들어 흐려져 있는데 나만 홀로 맑으며, 많은 이들이 모두 옳지 못한 일에 취해 있는데 나만 홀로 깨어 있으니 이로 말미암아 내가 미움을 받고 이곳으로 추방을 당한 것이라오."

이에 어부 노인이 "세상사람들이 모두 흐렸다면 어찌하여 진흙을 휘저어 탁한 물과 같이 하지 않으며, 뭇사람들이 다 취해 있다면 어찌하여 술지게미라도 먹지 아니하는가?"라고 타일렀던 것입니다.

그러자 굴원이 결연하게 답변했습니다.

"내가 들은 말로는, 새로 머리를 감은 사람은 관모를 쓸 때 반드시 먼지를 털어서 쓰고, 새로 몸을 씻은 사람은 옷을 턴 다음에 입는다고 하오. 어찌 깨끗한 몸에 더러운 것을 받아들일 수 있겠소. 그럴 바에는 차라리 상수(湘水 : 강 이름)에 나아가 강물에 몸을 던져 고기의 뱃속에 장사를 지낼지언정 어찌하여 이 결백한 몸에 세속의 티끌과 먼지를 뒤집어쓸 수 있단 말이오."

이에 어부가 빙긋이 웃으면서 지팡이로 뱃바닥을 두들겨 장단을 치며 이렇게 노래를 불렀다고 합니다.

"창랑의 물이 맑으면 내 갓끈을 씻고, 창랑의 물이 흐리면 내 발을 씻으리라."

'이런들 어떠하며 저런들 어떠하랴'는 〈하여가〉와 같이 굴원은 시대와 타협하지 않고 소신껏 의로운 길을 걸었습니다. 세상을 살면서 '굴원과 같은 정신을 가질 것인가, 어부처럼 시류를 따라 적당히 타협하며 살 것인가?'라는 고민을 하게 됩니다.

살다 보면 작은 실수 하나, 경솔한 판단 하나가 인생의 방향을 바꿔버리는 경우를 보게 됩니다. 또 내가 좀더 편안해지려고 사소한 실수를 저

지르는 일도 있습니다. 크고 작은 돌멩이가 깔린 자갈길을 걷는 것처럼 나의 발부리를 걸어 넘어뜨리려는 유혹의 순간들이 시시때때로 내 주변에서 나를 유혹합니다.

작은 잘못과 실수가 쌓이고 쌓이다 보면 내 삶의 궤적이 내가 바라던 길에서 너무 멀리 벗어나 있다는 것을 알게 됩니다. 그리고 다시 되돌리기에는 너무 멀리 떠나와 의도치 않은 길을 걸어가는 경우를 봅니다. 확고한 내 삶을 살아가겠다는 의지가 흔들려서는 안 됩니다.

잠언의 말씀입니다. "지혜를 얻는 것이 금을 얻는 것보다 낫고, 명철(明徹)을 얻는 것이 은을 택함보다 나으니라."(16:16)

배움에 끝은 없다

사람의 인생은 배움으로 시작하여 배움으로 끝을 맺는다고 해도 지나치지 않을 것입니다.

학문을 배우고 익힌다는 것은 단순한 지식의 습득을 뛰어넘는 의미가 있습니다. 배움이란 지식과 기술 외에도 이성적, 도덕적 성숙에 기여하는 바가 크기 때문에 한 사람의 내면을 성장시키는 동력이며 인생의 폭과 깊이를 더해주는 과정입니다.

더욱이 AI라는 신세계가 펼쳐지고 있는 시대 흐름에 적응하기 위해서는 새롭게 개발되는 신기술과 기기들을 이해하고 활용할 줄도 알아야겠지요. 그것은 개인의 경쟁력뿐만 아니라 삶의 풍요를 위해서도 반드시 필요한 요소이기 때문입니다.

배움의 중요성은 어제오늘의 얘기가 아닙니다. 동서양과 시대를 불문하고 항상 강조되고 있습니다. 사람의 인생은 배움으로 시작하여 배움으로 끝을 맺는다고 해도 지나치지 않을 것입니다.

중국 송나라 때의 철학자로 주자학을 완성한 주문공(朱熹, 1130~1200)의 〈권학문(勸學文)〉을 소개합니다.

물위금일불학이 유내일 (勿謂今日不學而 有來日)
물위금년불학이 유내년 (勿謂今年不學而 有來年)
일월서의 세월아연 (日月逝矣 歲月我延)
오호노의 시수지건 (嗚呼老矣 是誰之愆)

오늘 배우지 않아도 내일이 있다 말아라.
올해 배우지 않아도 내년이 있다 말아라.
날과 달은 흘러가고 세월은 나로 하여 늦추지 않으니
아아, 늙었구나. 이 누구의 허물인고.

동양의 위대한 학자였던 그가 세월은 사람을 기다려주지 않는다며 학문을 게을리하지 말라고 가르쳐주고 있습니다.

작가 말콤 글래드웰(Malcolm Gladwell)은 '1만 시간의 법칙'을 얘기했습니다. 시대를 대표하는 천재들의 공통점을 말하면서 그들의 성공은 타고난 천재성보다는 부단한 노력의 결과였다는 점을 강조했습니다. 물론 이같은 법칙이 모든 사람, 모든 분야에 적용되는 건 아닙니다만 그만큼 노력이 중요하다는 얘기입니다.

김난도 서울대 교수가 들려준 재미있는 얘기를 소개합니다. 김 교수는 일반화된 성공 공식을 추종하지 않고 가장 '나다운 성공'을 찾아서 나다움을 잃지 않는 자기계발의 패러다임을 '원 포인트 업(One-Point-Up)'이라고 말합니다. 오늘 실천 가능한 한 가지에 집중하는 것이 중요하며, 작은 노력이라도 꾸준히 계속하면서 자신을 밸류업 해나가라고 합니다.

하루 동안 내가 할 수 있는 일의 정량을 '1'이라고 합시다. 한 사람이 매일 0.01씩이라도 밸류업 하는 노력을 1년 동안 한다면 1.01의 365제곱이 됩니다. 즉, 1년 후에는 37.8배를 성장하게 됩니다.

반면에 매일 매일 0.01씩, 즉 매일 1%씩 감소하는 걸 반복하면 0.99×365일, 즉 1년 후는 2.55%로 축소됩니다.

배움엔 끝이 없다고 합니다. 세 살 아이에게도 배울 점이 있다는 속담처럼 늘 겸허한 태도로 배우려는 마음가짐을 가져야 하는 법이지요.

　더욱이 사회로 나아가기 위해 공부하고 있는 학생이라면 재능과 능력을 기르기 위해 한층 더 노력해야 합니다. 성과가 바로 나타나지 않더라도 하루에 0.01이라도 더 성장하겠다는 자세로 배움에 충실해야 합니다.

살기 좋은 도시

**유타 도시들의 감춰진 비밀은 사람에 있었습니다.
그곳에는 '하늘의 질서를 실천하며 사는 사람들'이 있었던 것입니다.**

지구상에서 가장 살기 좋은 도시는 어디일까? 신문에 실린 흥미로운 기사 제목이었습니다.

살기 좋은 도시 목록의 맨 위에 오른 것은 세인트 조지(Saint George City)였습니다. 미국 유타주에 있는 도시입니다. 그리고 2002년 동계올림픽 개최 도시였던 솔트레이크(Salt Lake City), 오렘(Orem City)도 살기 좋은 도시로 소개되었습니다.

실제 유타주(State of Utah)는 록키산맥이 가로지르는 미국 서부의 황량한 산악지대입니다. 사막과 바위산, 소금호수가 있는 척박한 환경에다

기후도 좋지 않은 편입니다. 살기 좋은 도시라고 말하기에는 자연환경이 썩 좋지 않습니다.

그런데 왜 이런 도시가 가장 살기 좋은 곳으로 뽑혔을까?

유타 도시들의 감춰진 비밀은 사람에 있었습니다. 그곳에는 '하늘의 질서를 실천하며 사는 사람들'이 있었던 것입니다. 믿음과 사랑으로 서로 돕고 살아가는 사람들이 바로 이 도시들의 숨은 보물이었던 것입니다.

유타주 도시들은 미국에서도 범죄율이 가장 낮고 사회적 갈등이 적으며 장수 인구의 비율이 높기로 유명합니다.

유타주는 1847년 말일성도 예수그리스도 교회 성도들이 이주해 개척한 본산지로서 인구 약 330만 명 가운데 3분의 1 정도가 신자들입니다. 우리 교회의 고든 B. 힝클리 대관장님께서는 이렇게 말씀하셨습니다.

"선한 이웃들과 함께 살아가는 것은 하늘의 축복입니다. 우리가 서로를 신뢰하며 도우며 하나님의 뜻을 따라 살려고 할 때, 그 공동체는 하늘의 질서를 담는 그릇이 됩니다."

성경에서는 이렇게 말씀합니다.

"사람은 외모를 보거니와 나 여호아는 중심을 보느니라."(사무엘상 16:7)

가정 안의 질서, 이웃과의 평화, 나눔의 실천이 도시의 품격을 결정합니다. 진정한 살기 좋은 도시란, 결국 좋은 삶을 살아가는 사람들이 모여 만드는 결과라고 하겠습니다.

몰몬경 엘마서 1장 26절의 말씀입니다.

"하나님 안에서 평등하며, 서로를 사랑하고 함께 일하며, 가난한 자를 구제하고 겸손히 주 앞에 나아갔다."

이 말씀은 바로 유타 도시들의 영적 기반을 설명하는 핵심입니다.

유타의 황량한 땅은 사람들의 내면을 더 단단하게 만들었고 영적으로 하나가 되도록 했습니다. 풀 한 포기 자라기 힘든 환경에서도 사람들은 신앙과 가족, 공동체의 가치를 중심에 두고 살았던 것입니다.

사람들은 누구나 살기 좋은 곳에 살기를 꿈꿉니다. 그러나 그 기준은 자연이 아니라 사람이며, 좋은 환경이 아니라 신앙의 실천이라고 봅니다. 거칠고 척박한 땅에서도 가장 복된 공동체가 자랄 수 있는 것입니다. 그 중심에는 사람이 있고 믿음이 있으며, 사랑이 있습니다.

주님의 뜻을 실천하며 살아가는 사람들이 있다면 그 땅은 이미 살기 좋은 곳입니다. 그리고 그것이 우리가 만들어가야 할 공동체의 모습입니다.

생활의 달인

어찌 보면 대개 3D 업종이라 할 만한 직업인데, 그 힘든 숙련과정을 거쳐 자신의 직업에서 최고가 되겠다는 자세를 보면 감탄하지 않을 수 없습니다.

'생활의 달인'이란 프로그램이 있습니다. 외길을 걸어온 장인들, 숨은 맛집의 주인공들을 찾아서 소개하는 SBS의 프로입니다. 2005년에 시작했다고 하니 20년이 넘었고, 국민 프로그램이라고 부를 만합니다. 그동안 1,000회 정도 방송되었으니 여기서 소개한 달인들만 해도 3,000명이 넘을 것입니다.

여기 출연자들의 특징은 우리 주변에 있는 소박한 이웃들이라는 점입니다. 또, 단번에 성공한 게 아니라 오랫동안 시행착오와 실패를 거듭한 끝에 오늘에 이르렀다는 감동적인 사연이 있다는 점, 그리고 자기 직업에 자부심을 가지고 있다는 점입니다. 2~3,000원 하는 떡볶이, 김밥 하나를 만들어도 맛을 내는 과정이 요리에 가까울 정도로 자신만의 고유 비법을 가지고 있더군요.

이 프로를 보고 있으면, 한 사람의 장인이 어떻게 탄생하는지를 알 수 있습니다. 어찌 보면 대개 3D 업종이라 할 만한 직업인데, 그 힘든 숙련 과정을 거쳐 자신의 직업에서 최고가 되겠다는 자세를 보면 감탄하지 않을 수 없습니다. 한 사람의 성공, 위대한 결실은 반드시 땀으로부터 나온다는 사실을 새삼 확인하게 됩니다.

일하지 않고 사는 사람은 아무도 없습니다. 스스로 노력하고 일하는 것은 하늘이 주신, 천부적인 것입니다.

그리스도인들은 정직한 노동은 하나님께 바치는 거룩한 예물이라고 합니다. 몰몬경 모사이야서 27장에서는 "게으른 자는 하나님 나라에 합당하지 아니하며, 무익한 자"라고 엄격하게 선포해 두었습니다.

몸이 수고할 때 마음도 깨끗해지고 영혼도 단련됩니다. 참된 신앙인은 기도로만 하나님을 섬기지 않고 노동으로도 예배한다고 합니다.

곤충이 자라는 과정을 관찰하던 한 소년이 있었습니다. 가을에 유충을 잡아 두었다가 봄에 성충으로 변하는 과정을 관찰하기로 했습니다.

봄이 되자 애벌레가 고치를 벗는 것을 보았습니다. 한 마리도 빠지지 않고 자기 몸을 감싸고 있는 실을 벗으려고 안간힘을 쓰는 걸 보니 안쓰러운 생각이 들었습니다. 아이는 아버지에게 가서 이 상황을 자세히 설명하고 도울 방법을 찾았습니다.

아버지는 가위를 들고 벌레 몸통을 싸고 있던 실을 잘라주었습니다. 그러나 힘겹게 버둥거리던 애벌레는 곧 죽어버렸습니다. 탈피하려고 힘들게 버둥거리는 벌레를 돕는다는 것이 오히려 죽이는 꼴이 되어버렸던 것이죠.

그때 아버지가 아들에게 말씀하셨습니다. "애벌레가 고치의 감겨진 실에서 벗어나려는 몸부림은 생존을 위해 거쳐야 하는 고통과 같은 것이란다. 우리가 벌레에게서 생존할 권리를 빼앗으니 결국 죽어버리지 않았니?"

정직한 하루의 보상을 위한 정직한 하루의 노동은 고결한 것입니다. 물질적인 번영은 도덕적, 정신적인 가치 위에서 이루어져야 합니다.

나의 직업, 나의 노동에 귀하고 천한 것은 없습니다. 땀 흘려 일한다는 자세로 내 직업에 최선을 다하는 자세를 배워야 합니다. 달인이 되기를 바랍니다. 우리가 흘리는 땀은 하나님의 이름으로 드리는 제사와 같고, 삶을 통해 올리는 기도와 같습니다.

길을 묻는 젊은이에게

2부

역경은 내 앞길에 놓인 하나의 장애물이라고 생각하면 좋겠습니다.
인내는 그 장애물을 넘는 연습입니다.
그 연습은 두고두고 내 인생에 있어 용기가 되고, 힘이 됩니다.

길을 여시는 분

목표를 향해 진실한 마음으로 나아간다면 하나님께서 반드시 길을 여실 것입니다.

내가 지금 고난 속에 있다고 느낀다면 그것은 삶의 광야를 건너고 있는 중일 수 있습니다. 공부에 대한 압박과 경제적 어려움, 누구에게도 의지할 수 없는 고독감으로 힘들어한다면 이 사실을 먼저 떠올려 보십시오. 그 광야는 약속의 땅을 향해 나아가는 길목이며, 그 걸음은 결코 헛되지 않을 것이라는 사실입니다.

"주께서 명하신 일은 주께서 예비하신 길을 따라 이루어질 수 있나니."라는 몰몬경 니파이전서 3장 7절 말씀을 마음에 새기십시오.

목표를 향해 진실한 마음으로 나아간다면 하나님께서 반드시 길을 여실 것입니다.

1830년대, 말일성도들은 거듭된 박해로 새로운 시온을 찾아 서부를 향해 길을 나섰습니다. 추위와 배고픔, 질병과 죽음이 있는 여정은 고난의 연속이었습니다. 그러나 '믿음의 행진'은 멈추지 않았습니다.

일리노이주 나부(Nauvoo)에 성전을 세우고 잠시 평안을 누렸지만 선지자 조셉 스미스와 그의 형 하이럼 스미스가 순교한 후, 1844년 다시 고난의 길을 떠났습니다.

1846년 2월, 성도들은 눈보라가 몰아치는 추위를 무릅쓰고 '새로운 시온'을 향해 첫걸음을 내디뎠습니다. 윌리엄 클레이튼은 출산을 앞둔 아내 디안사와 그의 부모를 남겨둔 채 나부를 떠나는 첫 번째 그룹에 속하도록 부름을 받았습니다. 신앙과 용기로 추위와 굶주림을 극복해 나갔습니다.

진흙길을 걷고 얄팍한 텐트에서 밤을 보내며 쇠약해진 몸을 이끌고 걷고 또 걸었습니다. 두 달이 지나도록 아무 소식을 듣지 못하던 그는 아내가 건강한 아들을 출산했다는 소식을 듣고 그 자리에서 무릎을 꿇고 기도하며 훗날 성도들에게 감사의 송가가 될 노래를 지었습니다.

그것은 '성도들아, 두려울 것 없다'라는 노래였습니다. 온갖 역경을 믿음으로 이겨낸 신앙의 고백인 것입니다.

"성도들아, 두려워 말라. 모든 것 잘 되리. 모든 것 잘 되리!"

(All is well, all is well.)

우리 주변에 일어나는 어려움은 서부개척시대를 생각하면 견디지 못할 것이 없습니다. "성도들아, 두려워 말라. 모든 것 잘 되리. 모든 것 잘 되리!"라는 믿음의 고백을 기억하시기 바랍니다.

교리와 성약 122편 7절의 말씀입니다. "이 모든 일이 너를 더욱 강하게 만들며, 경험이 되며, 너의 유익이 되느니라."

오늘의 고난은 결국 나를 더 단단하게 하고, 더 밝은 미래로 이끄는 주님의 계획 안에 있음을 굳게 믿어야 합니다.

자신에게 엄격하라

나는 이들에게 장학금 그 자체보다도 희망과 용기를 주고자 했습니다.
고난과 역경을 두려워하지 않는 청소년들이 되기를 바랬습니다.

개인의 자유와 권리가 우선시되는 요즘입니다. 이는 세계적인 흐름으로 보입니다. 그러나 개인의 자유가 중요하듯이 타인의 자유도 존중되어야 한다는 기본 원칙은 외면되고 있습니다. 그 결과, 갈등과 대립이 심화되고 있는 실정입니다.

우림 장학생들에게 '관인엄기'에 대해 이야기한 적이 있습니다. '관인엄기(寬人嚴己)'란 타인에게 관대하고 자신에게는 엄격하라는 뜻입니다. 이 말 속에는 관용과 극기의 의미가 모두 담겨 있습니다.

개인주의가 심화된 모습을 단적으로 보여주는 사례가 있습니다. 한 가족이 외식을 하러 식당에 와서도 서로 대화하지 않고 각자 휴대폰만 만지고 있고, 젊은 연인들이 마주 앉아서도 각자 휴대폰을 보면서 데이트를 하고 있습니다.

이같은 현상은 사람들 사이를 단절시키고, 결국 신뢰까지 무너져 서로를 이해하고 배려하는 사이가 되지 못합니다. 이렇게 되면 우리가 한가족이라는 연대감이 옅어질 것이 뻔합니다. 또, 매사를 본인 위주로 바라보다 보니 나와 다른 견해를 받아들이는 데 인색할 것이고, 나아가 상대의 실수나 부족함을 받아들이려 하지 않을 것이 확실합니다.

2002년 우림장학재단을 설립한 이래 초대 이사장을 맡아 22년 넘게 재단을 이끌어왔습니다. 그동안 배출한 장학생이 1천5백 명이 넘습니다.

나는 이들에게 장학금 그 자체보다도 희망과 용기를 주고자 했습니다. 고난과 역경을 두려워하지 않는 청소년들이 되기를 바랬습니다.

정직하고 약속을 잘 지키고, 자기 유익만을 구하지 아니하고 악한 것을 생각지 않기를 당부했습니다. 교만하고 예의에 어긋나지 않으며, 사랑의 원리에 따라 온유하고 인내하는 생활을 해줄 것을 말하곤 했습니다.

타인을 안아주고 이해할 줄 아는 사람이 되려는 마음을 가져야 합니다. 자신의 성취도 중요하지만 남을 이해할 줄 알고 남의 아픔에 귀기울일 줄 아는 사람이 되기를 바랍니다.

'관인엄기', 즉 남에게 관대하고 자신에게 엄격한 자세는 그들을 우리 사회의 리더로 길러줄 것입니다.

나는 우리의 잘못된 언어 습관에 대해서 지적하고 싶습니다. 나와 상대의 생각이 다를 때 우리는 무심히 '그 생각은 틀렸다'라고 말합니다. 그러나 그것은 '틀린' 것이 아니라 '다른' 것일 뿐입니다. 그런데 대부분의 사람들이 '다른' 것을 '틀렸다'고 하는 게 일상화되어 버리고 말았습니다.

즉, 나와 다른 생각과 의견을 전혀 수용하지 않고 배격해 버리는 문화가 무의식중에 깊게 뿌리를 내리고 있는 것입니다.

내 자유를 존중받으려면 타인의 자유도 존중해야 합니다. 관용의 정신은 인간관계와 사회 공동체의 유대를 돈독하게 하는 중요한 고리입니다. 관용의 정신이 희박할 때 그 사회는 분열됩니다.

남에게 관대하고 자신에게는 엄격하라는 '관인엄기'의 정신을 꼭 기억해야 합니다.

공부의 목적

**내일을 준비하는 젊은이라면 시대의 흐름에 맞추어
끊임없이 공부하고 수련함으로써 시대에 부합하는 사람이 되어야 합니다.**

학생들이 학교와 학원을 쳇바퀴 돌듯 오가면서 밤낮없이 공부에 매달리는 목적은 오로지 서울에 있는, 명성 높은 대학교에 가겠다는 꿈 때문이라고 해도 과언은 아니겠지요. 좋은 내신을 받고, 또 높은 수능 점수를 받아서 명문 대학에 가고, 취업 잘되고 장래가 보장되는 학과에 합격하는 게 당장의 목표인 것입니다. 물론 자신의 특기를 살려 꼭 가고 싶은 대학에 진학하려는 학생들도 있겠지요.

하지만, 이름난 대학의 잘나가는 학과를 졸업하고서도 현실에 만족하지 못하거나 행복하다고 느끼지 못하는 젊은이가 적지 않습니다. 주위를 돌아보면 쉽게 알 수 있는 현실입니다. 소위 의사나 변호사, 교수가 되었다고 다 행복하지 않다는 얘기입니다.

한 사람의 인생에 있어서 학교 성적이 중요한 기반이 되는 것은 확실합니다. 그러나 막상 사회에 나오면 학교에서처럼 단순하게 점수만으로 평가되지는 않습니다. 학력이 개인 능력과 직업의 선택, 사회 출발점에 영향을 미치는 조건은 될 수 있으나 학력 그 자체가 모든 것을 좌우하는 건 아니라는 얘기입니다.

사람은 교육을 받지 않고서는 아무것도 할 수 없습니다. 여기서 교육이란 단순히 학교 교육만 말하지 않습니다. 도제식 기술과 같이 사람에게서 사람으로 전수되는 교육도 있고, 스스로의 힘으로 배우고 익혀 일정 수준에 오르는 사람도 있습니다.

또, 최근에는 백세시대라 하여 은퇴 후 재취업을 위해서 또다른 분야에 도전하는 시니어들도 많습니다. 그래서 교육이란 어느 특정 시기에 그치고 마는 것이 아니라 전 인생 주기에 걸쳐 배우는 '평생학습 시대'로 접어들었습니다.

한 사람의 인생에 있어서 공부란 단순히 학교 교육을 넘어 자신의 미래를 개척하고 경제적 능력을 보장받고 성장하기 위한 기본과정이 된 것이지요.

예외적인 경우도 있습니다. 현대그룹을 창업한 정주영(1915~2001) 명예회장은 초등학교를 졸업한 정도의 학력으로 기업가로서 성공을 거둔 분입니다. 1990년대 중반 '포브스'에서 이분을 세계 10대 부자로 뽑은 적도 있어요. 또, 최근 유명해진 테슬라 CEO 일론 머스크는 '책을 읽으며 배웠다'고 말할 정도로 독서를 통해 창의력을 키운 인물로 유명합니다.

이처럼 학교에서 배웠든, 개인이 독학으로 습득했든 간에 공부가 인생의 방향을 설정해주고, 직업적 역량을 키워준다는 점에서 인생의 중요한 요소라고 하겠습니다.

오늘날은 IT정보기술과 인공지능의 발달로 인하여 종래의 교육만 가지고는 직업인, 전문가로서 제 역할을 할 수 없는 세상입니다. 수시로 진화하고 있는 신분야에 대해 적응하고 공부해야 합니다. 이와 함께 모든 분야에서 융합과 통섭이 이루어지고 있기 때문에 관련된 분야에 대해 지속적인 공부가 필요합니다.

그러므로 내일을 준비하는 젊은이라면 시대의 흐름에 맞추어 끊임없이 공부하고 수련함으로써 시대에 부합하는 사람이 되어야 합니다. 여기에 공부의 진정한 목적이 있는 것이지요.

'권학(勸學)'을 강조한 필자의 한시 한 편을 소개합니다. 시간을 아껴 공부하고 성실을 다해 배우기를 바랍니다.

    明功立誠 今日時(명공입성 금일시)
    光陰易逝 不重來(광음이서 부중래)
    寸陰如金 愼勿失(촌음여금 신물실)
    勉力而行 莫空懷(면력이행 막공회)

밝은 공은 성실 위에 세워지고 오늘 이 시간에 달렸다
시간은 쉽게 지나가고 다시 오지 않나니
촌각의 시간은 금과 같으니 삼가 잃지 말라
힘써 노력하고 헛된 마음 품지 말라

희망은 어디서 싹트는가

**우리는 오늘 현재만 존재하는 건 아니잖습니까?
내일도 살아야 하고 10년, 20년 후를 생각하며 살아야 하지 않을까요?**

강원도 평창에 대관령 삼양목장(지금의 삼양라운드힐)이 있습니다. 54년 전, 해발 850~1,400미터 고산지대에 조성하여 지금까지도 동양 최대 규모라는 명성을 가지고 있는 목장입니다. 면적이 서울 여의도의 7.5배 정도 규모라고 하지요. 이렇게 넓은 초원에 양과 젖소 같은 동물들이 방목되고 있고, 거대한 풍력발전기가 돌고 있어서 관광객들이 많이 찾는 곳입니다.

이 목장을 조성한 분은 1963년 우리나라에서 라면을 처음 만든 삼양라면 창업주 전중윤 회장입니다. 목장에 가면 이분의 철학이 담긴 글귀가 새겨져 있습니다.

'인간백회 천세우(人間百懷 千歲憂)'
'사람은 백 년을 살지만 천 년 후를 내다보아야 한다'라는 뜻입니다.

MZ세대들 사이에서 유행하는 욜로(YOLO : You Only Live Once, 오늘 하루를 즐기자) 현상을 생각하면 되새겨 보아야 할 정신입니다.

현재의 순간을 즐기고 후회 없는 삶을 살자는 문화, 내일보다는 오늘을 잘사는 게 더 낫다는 생각을 무조건 배척할 까닭은 없다고 봅니다. 후회하지 말고 순간순간 행복하게 살자는 것에도 긍정적인 측면은 있습니다.

그러나 우리는 오늘 현재만 존재하는 건 아니잖습니까? 내일도 살아야 하고 10년, 20년 후를 생각하며 살아야 하지 않을까요? 또, 내일을 준비하는 오늘을 살아야 더 행복한 내일이 있지 않을까요?

사람들은 누구나 행복하기를 원합니다. 그렇다면, 지금 잠깐의 행복이 아니라 오래도록 함께할 행복을 찾는 게 더 현명한 선택이겠지요.

행복하기를 원한다면 봄의 기운을 머금어야 합니다. 봄의 기운 속에는 추위를 이기고 언 땅을 뚫는 기운, 연약한 힘이지만 굳은 껍질을 벗기고

꽃망울을 터뜨리는 기운, 햇빛을 받아들여 아름다운 사랑의 꽃을 피우는 기운… 이같은 기운이 담겨 있습니다.

힘찬 생명력으로 만물을 소생시키는 봄, 우리에게도 그러한 기운이 있습니다. 당장 힘겹다고 물러서지 않고 이 추위 끝에 따뜻한 봄이 온다는 희망으로 흔들림 없이 나아가는 마음, 이것이 봄의 기운입니다. 그리고 봄에 한 해의 목표와 설계를 세워 씨를 뿌리고 잘 길러야 가을에 큰 수확을 할 수 있습니다.

인생은 내일을 알 수 없습니다. 그래서 오늘이 평탄하지 않고 힘든 경우가 많습니다. 그러나 고난은 반드시 지나가며, 그 끝에는 행복이 찾아온다는 희망을 믿어야 합니다.

성경에는 "무릇 징계를 받는 것이 당시에는 즐거워 보이지 않고 슬퍼 보이나, 후에 그로 말미암아 연단 받은 자들은 의와 평강의 열매를 맺느니라."(히브리서 12:11)라는 말씀이 있습니다.

오늘의 어려움은 우리를 단련하는 하나님의 도구일 뿐입니다. 그 과정을 성실히 굳건히 견뎌낸 사람은 반드시 참된 열매를 거두는 기쁨을 누리게 될 것입니다.

역경 앞에서

**역경은 대개 단번에 해결할 수 없는 일이라서
꿋꿋하게 인내하면서 시간을 두고 헤쳐 나아가야 하는 것입니다.**

살면서 고난을 겪지 않는 사람은 아무도 없습니다. 일년 내내 맑은 날만 있는 것이 아니듯이 우리의 일상은 희노애락의 연속입니다. 기쁜 일이 있으면 불쾌한 일도 있고, 성취가 있는가 하면 좌절하는 경우도 있고, 행복한가 하면 가슴 아픈 순간이 찾아오기도 합니다.

더욱이 아직 학생 신분이라면 더 많은 고난과 역경 앞에서 힘들어 할 수밖에 없습니다. 스스로 문제 해결을 하지 못하는 경우가 많은 데다가 미래 또한 불확실하기 때문에 더욱 그럴 것입니다.

필자의 경우를 되돌아보아도 청년 시기에 겪은 역경은 그 끝이 보이지 않으므로 더 힘겨웠던 것 같습니다. 또, 주위 동기들과 경쟁하고 비교되는 경우가 많아 자신감을 잃게 되기도 합니다. 앞이 보이지 않아 답답하고 고통스러울 수밖에 없지요.

　인생을 먼저 살아온 필자로서도 이러한 역경에 대해 속시원한 답을 줄 수 없습니다. 역경이란 하나의 열쇠로 열리지 않는 여러 개의 문이 겹쳐 있는 것과 같다고 할까요? 그때그때 처한 환경이 다르고 그 고비를 넘어야 할 능력과 방법이 모두 다릅니다.

　하지만 누구에게나, 어떤 상황에서든 똑같이 적용할 수 있는 게 하나 있습니다. 그것은 '인내'입니다.

　역경은 대개 단번에 해결할 수 없는 일이라서 꿋꿋하게 인내하면서 시간을 두고 헤쳐 나아가야 하는 것입니다. 힘들어도 역경이 주는 고통을 외면하지 말고, 이 고통을 받아 안으면서 장차 어떻게 풀어가야 할지를 생각하는 것이 현명한 대처 방법입니다.

　다소 극단적일 수 있지만 상징적인 사례를 말씀드리지요. 미국의 헬렌 켈러(1880~1968)는 듣지도 말하지도 못하고 시력까지 잃은 중복장애인이었지요. 하지만 래드클리프 대학을 마치고 장애인을 돕는 인권운동가로서, 작가로서 활동하며 존경받았습니다. 앤 설리번 선생님이 헬렌 켈러에게 모든 사물에는 이름이 있다는 사실을 가르쳤던 날, 이 소녀는 이렇게 글을 썼습니다.

"잊을 수 없는 그날, 저녁 때가 되어서 침대 위에 누워 있을 때 내가 얼마나 행복하였는지 나보다 더 행복한 사람을 찾기란 어려웠을 것입니다. 그후 나는 그날 느꼈던 그 기쁨을 늘 생각하며 살아왔습니다."

루트비히 판 베토벤(1770~1827)은 20대 후반부터 청력을 잃기 시작해 40대 이후에는 전혀 들을 수 없게 되었지요. 절망에 빠진 그가 유서까지 썼으나 '내 운명을 굴복시키고 더 큰 예술을 창조하겠다'는 결심을 하고 재기하게 되었죠. 그리고 교향곡 5번(운명)과 6번(전원), 피아노소나타 '월광', '열정' 등을 작곡했고, 1824년 9번 교향곡(합창)을 써서 시대를 초월하는 대작을 남겼습니다.

역경은 내 앞길에 놓인 하나의 장애물이라고 생각하면 좋겠습니다. 인내는 그 장애물을 넘는 연습입니다. 그 연습은 두고두고 내 인생에 있어 용기가 되고, 힘이 될 것입니다.

칼릴 지브란은 행복과 불행에 대해 이렇게 말했습니다. "당신이 즐거울 때 당신의 마음속을 깊이 들여다보십시오. 그러면 당신에게 지금 기쁨을 주고 있는 것이 바로 이제까지 당신에게 괴로움을 주어왔던 것이라는 사실을 알게 될 것입니다."

'안단테'로 살기

**슬로우 라이프, 슬로우 푸드, 느린 여행, 느린 우체국 등
여유 있는 삶의 방식을 선호하는 사람들이 늘어나고 있습니다.**

우리의 '빨리빨리' 체질은 외국에서조차 유명하죠. 실제로 우리는 뭐든지 '빨리빨리' 하는 시대를 살았습니다. 그 덕분에 우리나라가 디지털 기술 발전을 선도했다는 자조적인 유머가 유행한 적이 있었습니다.

인터넷이 보급된 지 30년 가까이 됐는데, 어느새 우리는 디지털 세상, 속도 중심의 일상으로 매몰되어 버렸습니다. 언제 어디서나 스마트폰이 연결해주는 SNS, 드라마와 게임 등이 우리 일상을 장악했습니다.

아마 잠자는 시간 외에는 휴대폰을 놓지 않는 사람들도 꽤 많은 것 같습니다. 노모포비아(Nomophobia, No Mobile Phone Phobia)라든가 디지털

중독자 같은 용어가 나올 정도로 빠져 있습니다. 정도는 달라도 필자 역시 그렇습니다. 외출 시 집에 휴대폰을 놔두고 나오면 불안합니다.

편리한 점은 있으나 우리는 휴대폰에 너무 종속되어 있는 게 사실입니다.

최근 이에 대한 반작용으로 '느림'과 '리듬'을 더 중시하는 사람들이 늘어나는 추세입니다. 휴대폰 사용시간을 줄인다거나 끊임없이 연결되는 디지털 환경에서 멀어져 보자고 하는 슬로우 라이프, 슬로우 푸드, 느린 여행, 느린 우체국 등 여유 있는 삶의 방식을 선호하는 사람들이 늘어나고 있습니다.

그래서 속도보다는 리듬, 효율보다는 지속성, 즉시성보다는 진정성에 비중을 두는 흐름이 늘어나고 있는 것입니다.

편리하고 좋다고 온종일 유튜브나 인스타그램, 숏폼만 보면서 살 순 없지 않은가요? 쉽게 말해서 그것도 욕망의 한 부류이고 중독입니다. 단순한 여가생활, 즐길 거리로 그치는 게 아니라 별 의미 없는 쾌락에 중독된 것과 유사합니다.

여기에는 자제력이 필요합니다. 빠르게, 즉각적으로 즐거움을 주는 것들로부터 벗어나 진정한 '나'를 찾으려는 탈(脫) 디지털 생활이 필요합니다. 속도가 중요한 게 아닙니다. 나만의 생활 리듬이 더 중요합니다.

《실낙원》의 작가 존 밀턴(1608~1674)은 인간의 자제를 중요한 도덕적 주제로 다루었는데, 자제력(self-control)은 단순한 억제가 아니라 '인간 이성이 욕망을 다스리고, 올바른 방향으로 의지를 이끄는 능력'이라고 했습니다. 자제를 도덕적 자유의 핵심이라고 보았지요.

아담과 이브는 에덴동산에서 자율적 선택의 자유를 가졌으나 결국 자제력을 잃고 선악과를 따먹음으로써 타락하고 맙니다. 밀턴은 이 사건을 통해서 진정한 자유란 아무거나 하는 게 아니라 옳은 것을 선택할 수 있는 능력이라는 점을 강조합니다. 인간이 진정 자유를 누리기 위한 필수 조건이 자제력인 것입니다.

음악 용어 중에 '안단테(andante)'가 있습니다. 이 말은 '너무 느리지도 빠르지도 않은, 보통보다 약간 느린 템포'를 뜻합니다. 이탈리아어로 '걷는 속도'를 의미하지요.

대표적인 용어들로서 알레그로(빠르게), 모데라토(보통 빠르기로), 그리고 안단테(걷는 속도로)가 있고, 아다지오(느리게), 라르고(매우 느리게) 등등이 있습니다.

슬로우 라이프와 같이 우리의 생활 리듬을 늦출 필요가 있습니다. 그래서 조급해지거나 급할 때마다 '안단테, 안단테'를 떠올려 보세요. 아무리 디지털 만능 시대라 해도 '안단테'로, 걷는 속도로 가도 절대 늦지 않습니다. 오히려 더 실속있게 살아가는 속도를 얻을 수 있을 겁니다.

지금보다 더 천천히 걷고, 더 찬찬히 생각하며 살아갑시다. 속도를 늦추고 내 리듬을 찾아봅시다.

참된 친구

좋은 시절은 물론 안 좋은 시절, 위기의 순간에도 떠나지 않고 언제나 곁을 지켜주는 동반자가 친구입니다.

'친구 따라 강남 간다'라는 속담이 있습니다. 혹시나 해서 말하는데, 여기서 '강남'이란 서울의 강남이 아니랍니다. 봄에 찾아온 제비가 가을이 되면 겨울을 나려고 중국 양쯔강 아랫녘으로 날아가는데, 예로부터 그 지역을 '강남'이라고 했던 것입니다. 무리지어 강남으로 가는 제비들처럼 남들이 하니까 아무 생각 없이 따라 한다는 '부화뇌동'의 뜻으로 쓰이는 말이 '친구 따라 강남 간다'인 것이지요.

이 속담처럼 사람들도 마찬가지입니다. 제비 떼처럼 누구를 친구로 삼느냐가 중요합니다. 좋은 친구는 매우 소중한 존재입니다. 학창시절 어떤 친구와 어울리는가가 장차 그가 어떤 사람이 되는가를 좌우한다고 하지요. 그만큼 좋은 친구가 인생에 큰 영향을 미친다고 하겠습니다.

그렇다면, 좋은 친구란 누구일까요? 사람들마다 자신이 생각하는 다양한 답을 내놓을 겁니다.

만나면 언제나 좋은 친구? 서로를 잘 이해하고 서로에게 위로가 되는 친구? 무엇이든 양보하고 배려해주는 친구? 학생 신분에 어긋나지 않게 예의 바른 친구? 참 많은 답이 나올 것입니다.

이 답들을 한마디로 요약한다면 서로 진심을 주고받을 수 있는 친구가 아닐까 싶습니다.

우정은 잠시의 필요에 의해 생겼다가 그 필요가 끝나면 사라지고 마는 게 아닙니다. 좋은 시절은 물론 안 좋은 시절, 위기의 순간에도 떠나지 않고 언제나 곁을 지켜주는 동반자가 친구입니다.

우정은 감정적으로 이끌리거나 취미 같은 게 같아 동질감을 느낀다고 맺어지는 게 아닙니다. 희생과 헌신으로 진정성을 나누는 사이가 될 때 참된 친구가 됩니다.

중국 고전 《예기》에 '수수방원지기(水隨方圓之器)요 인인선악지우(人因善惡 之友)'라는 말이 있습니다. 물은 그릇의 모나고 둥긂에 따라 모양이 다르 고, 사람은 친구의 착함과 악함에 따라 성품이 달라진다는 말이지요.

썩은 사과 하나가 좋은 사과 한 상자를 망치는 이치와 같습니다. 지혜 로운 자와 동행하면 지혜를 얻고, 미련한 자와 사귀면 해를 받는다고 합 니다.

그렇다면, 참된 친구는 어떻게 알아볼 수 있을까요?

먼저, 평소에는 눈에 띄지 않지만 어려운 상황에서 진심을 보여주는 사람입니다. 혹 내가 잘못한 일이 있을 때 진실된 말을 해주는 친구… 나 의 성격, 약점, 실수 같은 것도 이해해주는 게 참된 친구이겠지요.

간단하게 말하자면, 진심으로 생각하고 진심으로 말하고 진심으로 행 동하는 친구가 참된 친구입니다. 언제나 나를 진심으로 대하는 사람인 거죠.

그리고 마지막으로 좋은 친구란 서로에게 긍정적인 영향을 주는 사람 입니다.

참된 친구, 좋은 친구는 무슨 조건을 걸고 사귀는 사이가 아닙니다. 또, 처음부터 단박에 좋은 친구가 되는 게 아닙니다. 진심과 신뢰를 바탕으 로 서로를 배려하고 양보하면서 차츰차츰 평생 친구로 성장해가는 것이

기도 합니다.

  나무가 뿌리를 내리듯 우정도 오래도록 길게 가야 참된 우정으로 자랍니다.

선한 사마리아인

**'선한 사마리아인'과 같이 사랑과 자비를 베풀며 사는
어른이 되어준다면 더할 나위 없이 기쁘겠습니다.**

성경에 나오는 '선한 사마리아인 (Good Samaritan)' 일화는 널리 알려진 이야기입니다. 누가복음 10장에 한 율법사가 "내 이웃은 누구니이까?"라는 물음에 예수님께서 비유로써 대답한 내용에 나오는 것이지요.

유대인 한 사람이 예루살렘에서 여리고로 가다가 강도들을 만났는데 그들에게 옷을 빼앗기고 맞아 길에 쓰러져 있었습니다. 때마침 제사장이 그곳을 지나다가 쓰러진 그를 보고 외면했고, 그후 레위인이 그 길을 지나가다가 그를 보았으나 또 피해 가고 말았습니다. 여기서 레위인이란

하나님을 섬기는 종교 지도자 계층을 말합니다.

그런데 한 사마리아인이 그를 보고서는 불쌍히 여겨 상처에 기름과 포도주를 부어주고 헝겊으로 싸맨 채 그를 자기 나귀에 태워 주막으로 데려와 돌보아주었습니다.

이튿날이 되자 사마리아인이 주막 주인에게 데나리온 둘을 주며 "이 사람을 돌보아 주라. 비용이 더 들면 내가 돌아올 때에 갚으리라." 하였습니다.

사실, 유대인과 사마리아인은 서로 적대적인 관계였습니다. 그러나 착한 사마리아인은 오직 사랑으로 그를 도와주었던 것입니다.

이 일화는 율법사가 예수님께 "네 마음을 다하며 목숨을 다하며 힘을 다하며 뜻을 다하여 주 너의 하나님을 사랑하고 또한 네 이웃을 네 자신 같이 사랑하라 하였"는데, 그렇다면 "내 이웃이 누구"인지를 묻자 예수님께서 하신 말씀입니다.

그리고 "이 세 사람 중에 누가 강도를 만난 자의 이웃이 되겠느냐"라고 이르자 율법사가 "자비를 베푼 자"라고 답합니다. 이에 예수님께서 "가서 너도 이와 같이 하라" 하고 이르셨던 것입니다.

아시아 대륙에 최초로 우리나라에 서울 스테이크(교구)가 세워진 지 50여 년이 지났는데, 2002년에 그 축복의 맥락 안에서 재단법인 우림장학재단이 창립되었습니다. 이 재단은 교회의 공식 기구가 아니라 신앙과 사랑, 책임감을 가진 성도들이 자발적으로 참여함으로써 출범하였습니다. 다시 말해서 청년들의 꿈과 미래를 응원하겠다는 간절한 마음들이 모여 장학재단이 만들어진 것입니다. 이웃 사랑의 마음 하나로 장학사업에 함께해주신 후원자님들께 감사할 따름입니다.

우리 장학재단의 설립 목적은 분명합니다. 장학재단이라고 하여 단순하게 성적 위주로 장학생을 선발하는 게 아니라, 이 시대가 진정으로 필요로 하는 인재를 키우기 위해 장학생을 선발하고 있는 것입니다. 지혜와 인성을 겸비한 리더가 되고, 장차 이웃 사랑의 가치를 알고 그것을 본받아 살아갈 청년들을 응원하는 데 그 근본 취지가 있습니다.

그래서 학생들을 만나면 "네 이웃을 네 자신같이 사랑하라." 하는 계명을 몸소 실천하는 후원자님들을 기억하고 학생으로서 본분을 다해달라는 당부를 꼭 전합니다. 그리하여 훗날 학교를 마치고 나서 '선한 사마리아인'과 같이 사랑과 자비를 베풀며 사는 어른이 되어준다면 더할 나위 없이 기쁘겠습니다.

행복은 어디서 올까

행복은 '먼 훗날'에 오는 것이 아닙니다. '바로 지금' 마음으로 느끼는 것, 이것이 행복입니다.

모든 걸 잠시 내려놓고 자신에게 질문해 보십시오. '나는 지금 행복한가?' 모르긴 해도 '맞아요. 난 지금 행복해요.'라고 대답할 사람은 아주 극소수일 것으로 보입니다.

그 이유는 무엇 때문일까? 한마디로, 사람들은 어떤 한 가지만 가지고 만족해하거나 행복해하지 않기 때문입니다. 더욱이 젊은 세대일수록 하나의 조건만 가지고는 행복을 느끼지 못하는 경향이 높습니다. 기대치가 높기 때문이지요.

우선, 우리는 내 안에서 행복을 찾지 않습니다. 행복의 기준을 월등한 직장, 안정된 생활, 좋은 인간관계, 목표의 성취 같은 데서 찾곤 합니다. 그것도 남들과 비교해 더 우월할 경우 행복을 느낍니다. 그러다 보니 여러 조건들이 상당한 수준에 도달해야 만족하게 되는데, 그렇게 되기가 쉽지 않은 것입니다. 당연히 만족스럽지 못한 하루하루를 보낼 뿐입니다. 점점 희망도 옅어집니다.

그럼, 행복은 어디서 오는 걸까? 그것은 내가 꿈꾸던 행복의 조건들이 두루 실현되었을 때 온다기보다는 불완전하더라도 그 조건들로 다가가는 상태에서 느껴야 한다는 점입니다. 나의 희망사항들이 완성되었을 때보다 완성으로 가는 과정에서 행복을 찾아야 한다는 것이지요.

행복은 정답을 찾는 게 아니라 그에 이르는 과정에 있습니다. 한 걸음 한 걸음 목표를 향해 나가면서 느끼는 태도입니다. 그 과정 속에서 작은 기쁨, 작은 성취에 기뻐하십시오. 감사한 마음을 느끼십시오. 그것이 행복입니다. 그것이 행복한 삶으로 가는 길입니다.

행복은 '먼 훗날' 또는 '나중에' 오는 것이 아닙니다. '바로 지금' '이 순간' 마음으로 느끼는 것, 이것이 행복입니다. 다가올 미래에 모든 조건이 다 갖추어진 다음에 행복한 것이 아닙니다. 순간순간의 만족과 감사한 마음이 모여서 행복을 안겨주는 것입니다.

사도 바울께서도 행복이 외부의 조건이 아니라 마음가짐과 태도에 있다는 것을 말씀하십니다.

"내가 궁핍하므로 말하는 것이 아니라 어떠한 형편이든지 나는 자족하기를 배웠노니, 나는 비천에 처할 줄도 알고 풍부에 처할 줄도 알아, 모든 일 곧 배부름과 배고픔과 풍부와 궁핍에도 처할 줄 아는 일체의 비결을 배웠노라."(빌립보서 4:11~12)

지금 내가 지닌 것, 지금 내가 거둔 것에 감사하며 살아갈 때 참된 평안과 만족을 얻을 수 있다는 말씀입니다.

우리는 남들과 비교하길 좋아합니다. 물론 비교를 통해서 동기부여가 되는 장점도 있습니다. 그로 인해 분발하게 되고 더 매진할 수도 있습니다. 하지만 남들과 비교하고 자신의 지금에 만족하지 못하는 사람은 스스로 불행에 빠지게 됩니다.

남의 인생이 아니라 내 인생을 살아야 합니다. 그리고 작은 성과에 감사할 줄 아는 마음가짐이 중요합니다. 그리고 늘 하나님과의 관계에서 근원적인 행복을 찾으려 하는 마음을 갖는 것도 행복한 삶의 든든한 토대가 됩니다.

나병환자 열 명과 기도

**열 명 중 한 사람만이 찾아와 감사를 드렸습니다.
그러자 "그 아홉은 어디 있느냐?" 하고 예수님께서 물으셨습니다.**

생활 속에서 항상 기도하며 살고 있는지요? 매일 기도하고 있다면 무엇을 얻고 싶어선가요? 또, 그 기도에 응답을 받은 적이 있었는지요?

성경 속에 이런 이야기가 있습니다.

예수님께서 예루살렘으로 가실 때 열 명의 나병환자를 만나셨지요. 그들은 자신들을 불쌍히 여기시어 병을 낫게 해 달라고 엎드려 빌었습니다. 그러자 예수님께서 손을 내밀어 그들의 병을 깨끗이 낫게 하셨습니다.

나병은 고칠 수 없는 천형과도 같은 병이었고, 환자들은 마을을 떠나

산속에 숨어 살아야 했습니다. 누구도 그들과 가까이하지 않을 만큼 저주받은 사람들이었습니다. 그런데 예수님께서는 그들을 치유해주셨습니다.

그러나 그 열 명 중 한 사람만이 찾아와 발 아래 엎드려 감사를 드렸습니다. 그러자 "그 아홉은 어디 있느냐?" 하고 예수님께서 물으시며 그에게 "일어나 가라. 네 믿음이 너를 구원하였느니라." 하고 축복하셨습니다.

이 성경 이야기를 보면서 한번 생각해보십시오. 나는 예수님께 엎드려 감사를 드린 그 한 사람인가? 아니면, 돌아서 외면해버린 나머지 아홉 명 중 한 사람인가?

나병이 낫는 것은 기적 중의 기적입니다. 그럼에도 하나님께 영광을 돌리지 않은 자가 열에 아홉이나 되었습니다. 나야말로 그 아홉 사람 중에 들지 않는지 곰곰이 들여다보기 바랍니다. 우리의 신앙은 그만큼 보잘것없이 나약합니다.

기도는 아홉 명의 나병환자들처럼 내가 희망하는 그 무엇을 얻기 위하여 일시적으로 간구를 하는 게 아닙니다. 나의 연약함과 부족함을 고백하고 하나님의 뜻을 구하는 겸손한 태도입니다. 겸손한 마음으로 드리는 하나님과의 대화이며, 하나님께 영광을 드리는 삶의 방식인 것입니다.

"구하라. 그리하면 너희에게 주실 것이요, 찾으라 그리하면 찾아낼 것이요, 문을 두드리라 그리하면 너희에게 열릴 것이니."(마태복음 7:7)

기도는 하나님께서는 나의 간구를 들으시고 길을 열어주신다는 약속입니다. 그렇지만 기도한다고 하여 내가 원하는 모든 길을 열어주시는 것은 아닙니다. 기도는 내가 바라는 바를 얻기 위한 도구가 아니라 하나님과의 관계 속에서 평안과 감사, 그리고 삶의 방향을 새롭게 하는 힘이라는 사실을 알아야 합니다.

"항상 기뻐하라. 쉬지 말고 기도하라. 범사에 감사하라. 이것이 그리스도 예수 안에서 너희를 향하신 하나님의 뜻이니라."(데살로니가전서 5:16~18)

우리가 숨을 쉬지 않고 살 수 없듯이 기도 없이는 믿음을 유지하기 어렵습니다. 하나님의 계획을 발견하고 그분의 뜻에 순종하는 길을 배우려면 기도하는 삶을 살아야 합니다. 기쁨과 감사하는 마음으로 사는 방법을 배우는 것입니다.

기도는 여러 가지 응답을 주십니다. 나의 간절함을 채워주는 응답을 받기도 하지만, 더 중요한 응답은 내면의 변화입니다. 우리는 기도를 함으로써 두려움 속에서 평안을 얻고 혼란한 가운데서 길을 찾게 됩니다. 힘겹고 절망적인 상황을 벗어나기 위한 희망을 얻게 됩니다.

결국 기도의 응답은 '무엇을' 얻는 것이 아니라 '어떤 사람'이 되는가에 있습니다. 길을 열어주시는 것입니다.

하나님은 멀리 계시지 않습니다. 우리가 간절한 마음으로 손을 내밀면 잡아주시는 아버지이십니다. 문을 두드리며 기다림을 배우고, 살아가야 할 방향을 바로잡으며, 하나님께 나를 의탁하는 마음이 기도인 것입니다. 하루하루 기도하는 시간 속에서 하나님과 대화하며 지혜와 힘을 구하기를 바랍니다. 예수님께 돌아와 감사를 드린 나병환자와 같이 나의 믿음이 나를 구원케 합니다.

3부

아흔 해를 살아보니

고린도전서 13장에서 바울은 이렇게 고백합니다.
"믿음, 소망, 사랑, 이 세 가지는 항상 있을 것인데 그중에 제일은 사랑이라."
참된 신앙은 이웃을 통해 시험받고 사랑을 통해서 완성됩니다.

부지런히 살라는 참뜻

인생의 의미는 '언젠가'가 아니라 '지금' 실천하는 행동 속에 있는 것입니다.

필자가 좋아하는 성경 구절을 소개합니다.

"사랑엔 거짓이 없나니 악을 미워하고 선에 속하라. 형제를 사랑하며 서로 우애하고 존경하기를 서로 먼저 하며 부지런하여 게으르지 말고 열심을 품고 주를 섬기라."

사도 바울의 편지글(로마서 12:9~11)입니다. 그리스도인으로서 어떻게 살아야 하는지를 권면하는 부분 중 일부입니다.

여기에는 세상을 살아가면서 가슴속에 품어야 할 삶의 목표와 태도가 잘 나타나 있습니다. 여기서 특히 강조하고 싶은 점은 '부지런하여 게으르지 말고 열심을 품고 주를 섬기라.' 하는 구절입니다.

  거짓과 미움을 멀리하고 사랑과 진실, 우애에 뜻을 두고 산다는 것은 삶의 지향이라고 하겠습니다. 그리고 그러한 삶을 목표하는 사람이라면 게으르지 말며 부지런하게 사는 자세를 가져야 한다는 것이 중요한 가르침입니다. 그와 같은 지향을 이루기 위해서는 현실에서 몸을 움직여 행동으로 옮김으로써 그 결과가 축적되어 인생의 변화를 가져오게 되는 것이므로 부지런한 삶의 태도가 그만큼 중요하다고 하겠습니다.

  필자가 어렸을 적에는 시골서 비교적 넉넉하게 사는 집안의 장손으로서 부모님은 물론 조부모님까지 함께 살았습니다. 그러니 할아버지, 할머니의 모범을 직접 보고 배우면서 앞으로 장손으로서 어떻게 살아야 하는지를 생각하게 되었습니다.

  또한 부모님께서 메마른 논과 밭에 흙을 일구고 물을 대어 씨앗을 심고 기르며, 가을에는 곡식과 열매를 수확하는 모습을 보면서 삶의 태도를 배웠습니다. 수확의 기쁨을 얻기까지 거쳐야 하는 과정을 보면서 자연스럽게 가르침을 습득하였던 것입니다.

  내가 의사로서 아픈 이들의 고통을 덜어주고 치료하는 일을 보람으로 여기게 된 것은 이러한 가르침을 몸에 익히며 자랐기에 가능했다고 봅니다. 그리고 교회에서 영적 고통을 겪는 사람들에게 사랑의 손길로 잘 치유하여 그들에게 기쁨과 행복을 안겨주는 일을 보람으로 여기며 살게 된 것도 그같은 영향이 있었기 때문입니다.

나는 주님의 영적 인도를 받아서 주님을 대신하여 일한다는 점을 항상 기억하고 있습니다. 그래서 주님께서 주신 시간을 참으로 귀중하게 써야 한다고 가슴에 새기고 있습니다.

어린 시절 우연히 접한 성경 구절이 있습니다. "한 알의 밀알이 땅에 떨어져 죽지 않으면 한 알 그대로 있고 죽으면 많은 열매를 맺느니라."라는 구절은 강렬한 울림을 주었습니다. 희생으로 얻는 크나큰 보람, 나를 내어놓음으로써 다른 이들을 크게 이롭게 한다는 성경의 진리는 내 인생의 나침반과 같은 역할을 해주었습니다.

미국의 '국민 시인'인 헨리 워즈워드 롱펠로(1807~1882)는 "위대한 자들이 올라가 머무는 자리는 / 한순간에 날아오른 것이 아니라 / 그들은 동료들이 잠자는 한밤중에도 / 땀 흘려 기어올랐던 것이다"라고 읊었습니다.

또, "행동하라, 살아 있는 현재에 행동하라! 가슴속의 열정과 위에 계신 하나님과 함께!"라고 하였습니다. 이미 지나간 과거, 그때의 실수나 영광에 얽매이지 말고, 아직 오지 않은 미래에 의존하지 말라고 했습니다. 인생의 의미는 '언젠가'가 아니라 '지금' 실천하는 행동 속에 있는 것입니다.

우리의 목표는 오로지 '지금 이 순간' '부지런히' 힘써 일하고 노력함으로써 결실을 맺게 됩니다.

감사하는 마음

역사적인 큰 줄기로 본다면 한 나라, 한 민족의 운명은 사람들의 힘만으로 된 것이 아니라는 사실을 알게 됩니다.

세계 여행을 하면서 새삼스럽게 느끼게 되는 것은 지구상에는 어려움에 처해 있는 사람들이 여전히 많다는 사실입니다. 우리가 21세기를 살고 있는데도 현대 도시라고 말하기 어려울 정도로 거리에는 오물과 쓰레기가 가득 찼고, 어린아이들은 굶주리다 못해 죽음의 그림자를 안고 사는 모습을 보았습니다. 몇몇 나라에서 아무런 희망도 찾을 수 없는 광경을 바라보자니 마음이 편치 않았던 기억이 있습니다.

한편으로는 이러한 광경을 볼 때면 6.25전쟁 이후 우리나라가 연상되곤 합니다. 온 국토가 전쟁으로 폐허가 되었고, 애어른 할 것 없이 대부분의 사람들이 헐벗고 굶주리던 시기였습니다. 전쟁 이후 우리나라는 세계에서 가장 가난한 나라 가운데 하나였습니다. 1인당 국민소득이 100달러도 안 될 정도로 극빈국인데다가 아무런 희망도 보이지 않아 절망 그 자체였습니다.

그런 나라가 오늘날에는 세계 10위권 선진국 대열에 서 있습니다. 전 세계가 깜짝 놀랄 정도로 짧은 기간에 경이로운 발전을 이룩한 것입니다. 지금은 1인당 국민소득이 4만 달러에 가까워지고 있습니다. 전쟁 이후 불과 70년밖에 지나지 않았는데 남의 나라 원조를 받던 우리가 원조를 주는 나라로 바뀐 것입니다.

가난을 대물림하지 않으려고 밤낮없이 일했던 우리 부모님들, 자식 교육을 위해서라면 모든 걸 바쳐 희생했던 그분들이 이렇게 잘사는 나라를 만든 주역이었고 일등공신이었습니다. 우리가 지금과 같은 풍요를 누리며 사는 것은 오직 그분들의 희생과 사랑이 있었기 때문입니다. 우리를 길러주신 부모님께 감사드려야 할 일인 것입니다.

그리고 풍요로운 나라, 행복한 사회를 만들어주신 주님께 감사드립니다. 역사적인 큰 줄기로 본다면 한 나라, 한 민족의 운명은 사람들의 힘만으로 된 것이 아니라는 사실을 알게 됩니다. 그 가운데는 무언가 보이지 않는 큰 힘이 있는데, 이것이 바로 주님께서 내어주신 사랑의 손길이었습니다. 주님께서 지난 한 세기 동안 가난과 고통의 질곡에 빠져 있던 우리 민족을 행복한 나라로 인도하신 것입니다. 이 모두 감사할일입니다.

내가 존경하는 고든 B. 힝클리 대관장님은 '감사'의 의미를 이렇게 해설해주셨습니다.

"감사에서부터 예의가 시작되고, 품위와 선량함이 시작되며, 오만해서는 안 된다는 인식이 시작됩니다. 우리는 한 걸음을 뗄 때마다 누군가의 도움이 필요하다는 것을 분명히 알고 걸어야 합니다."

감사란 예의와 품격, 선한 마음의 시작이며, 우리는 누군가의 도움 없이는 살 수 없기에 항상 감사하는 마음으로 살아야 한다는 가르침입니다.

예수님께서 예루살렘으로 가는 도중 사마리아와 갈릴리 사이를 지나게 되었습니다. 그때 나병 환자 열 명을 만나 그들을 깨끗하게 하셨는데, 그 열 사람 중 오직 한 사람만이 예수님께 엎드려 감사를 드렸습니다.(누가복음 17:11~19)

온몸이 썩어가는 나병을 깨끗이 낫게 해주었는데도 감사한 마음을 가진 자가 오직 한 사람이었다는 것이지요. 이방인 단 한 사람만이 하나님께 영광을 돌리러 찾아왔던 것입니다. 그때 예수님께서 "네 믿음이 너를 구원하였다."라고 선포하십니다.

하루를 시작할 때 오늘 하루를 주신 주님께 감사하는 마음으로 출발하십시오. 또, 집에 돌아와 잠자리에 들 때 감사한 마음을 안고 잠들도록 하십시오. 감사는 은혜로운 삶의 시작입니다. 그리고 내 앞의 난관을 이겨내는 용기가 됩니다.

정결은 하나님께 이르는 길

자제력을 가지고 정결하게 사는 사람이 종국적으로 승리자가 된다는 진리를 가슴에 새겨야 합니다.

필자의 기우인지 모르겠으나 우리 일상에서 SNS가 차지하는 영역이 넓어지면서 사회가 혼탁해지고 있다는 걱정을 합니다.

흔히 우리에게는 네 개의 눈이 있다고 합니다. 육안은 세상 사물을 보는 눈을 말합니다. 심안은 육안으로 가져온 상(이미지)을 마음으로 해석하는 것입니다. 그 다음으로 뇌안과 영안이 있습니다.

뇌안이라는 것은 육안으로 본 것을 신경과 근육운동에 의해서 지식체계로 만들어가는 눈을 뜻합니다. 예를 들어 육안이 흰 종이에 까만색 글자로 본 것을 뇌안은 글자의 의미가 무엇인지를 알아내고 그것을 기억하는 기능을 합니다. 영안이란 육안으로 본 것을 영적으로 해석하는 것입니다. 즉, 성경의 이해는 국어 독해력이 좋은 사람이 잘하는 게 아니고 신앙이 깊은 사람이 잘하는데, 이는 성경 내용을 영적으로 해석하는 능력이 있느냐 없느냐의 문제입니다.

정결은 단순히 육체의 청결이 아닙니다. 마음과 생각, 의지의 순결함을 말합니다. 세상이 혼탁하면 할수록 더욱 절실하게 필요한 것이 정결한 마음입니다.

우리가 피부로 느끼고 있듯이 세상에는 깨끗하지 못한 일이 많습니다. 특히 디지털 시대에는 개인의 의지와 상관없이 온갖 정보와 영상물들이 밀려오고 있습니다. 이러한 세상에 우리는 정결한 '마음의 눈'을 가져야 합니다. 그리고 주님의 말씀을 영적으로 해석할 수 있어야 합니다. 심안과 영안의 능력을 길러야 합니다. 우리는 영적인 눈으로 하나님을 볼 수 있어야 합니다.

인터넷을 통한 음란물의 확산은 도를 넘은 지 오래되었습니다. 정결을 최고의 가치 중 하나로 여겨 살아온 우리로서는 말할 수 없이 충격적인 일들이 벌어지고 있는 세태에 경각심을 갖고 있습니다. 분별없는 욕망과 타락을 절제하려는 마음가짐을 갖고, 자제력을 가지고 정결하게 사는 사람이 종국적으로 승리자가 된다는 진리를 가슴에 새겨야 합니다.

하나님은 창조를 마치고 각 생물들에게 그 종류대로 생식하라고 명하셨습니다. 생식하여 번성하는 것은 하늘의 이치입니다. 하나님은 그의 영의 자녀들이 축복받은 가정에서 태어나 잘 양육되고 가르침 받기를 원하십니다. 또, 그렇게 자란 자녀는 성장하여 합당하게 결혼하여 다음 세대를 지상에 두게 됩니다. 이는 성스러운 것입니다. 그리고 이러한 일은 결혼에 의해서만 이루어져야 합니다.

정결하게 산다는 것은 마음이 아름다운 사람이 누리는 특권입니다. 하나님의 진리 안에서 사는 것이 아름다운 삶인 것입니다.
주님께서 산상수훈에서 "마음이 청결한 자는 복이 있나니 그들이 하나님을 볼 것이요"라고 말씀하신 것을 기억하십시오.
무엇이 옳고 무엇이 나쁜지 구분하지 못하는 혼란한 마음을 지녀서는 안 됩니다. 정결이란 시대에 역행하는 덕목이 아닙니다. 오히려 혼탁하고 타락한 시대를 밝혀 나를 지켜주는 등불이며, 진리를 분별하는 영적인 나침반입니다.

그러므로 정결은 하나님과 만나는 영적 출입문과 같고, 그 앞에 서 있는 자는 반드시 자기 자신을 정결하게 지킬 수 있어야 하는 것입니다.

 정결한 사람은 맑은 눈으로 세상을 바라보고, 영안을 통해서 나 자신과 이웃, 그리고 하나님과의 관계를 아름답게 정화하게 됩니다.

술과 마약에 대하여

마약에 손을 댄다는 것은 잠깐의 일탈이 아니라 영영 돌아오지 못할 파멸의 길을 가는 것입니다. 참으로 무서운 일입니다.

최근 뉴스를 보면 마약 관련 사건이 하루가 멀다 하고 나오고 있습니다. 적발되는 밀수 규모만 보더라도 몇만 명분을 뛰어넘어서 200만 명분이 넘는 경우도 있더군요. 우리 사회에 마약이 얼마나 퍼져 있는지, 또 얼마나 번져 나갈 것인지 걱정스럽습니다. 이제는 대한민국이 마약 청정국이란 말은 먼 나라 얘기가 되고 말았습니다.

이런 사건들 가운데 특히 심각하게 생각하는 것은 마약류 사범들 중에서 20대 이하가 차지하는 비율이 30%에 가깝다는 사실입니다.(2025년 상반기, 경찰청) 이는 5년 전보다 2배 이상 늘어난 수치입니다. 10대가 1.7퍼센트, 20대는 13.7퍼센트로서 마약 중독자 10명 중 3명이 청소년 또는 청년인 것이지요.

2018년부터 2023년까지 통계로 보면 14~18세 청소년이 총 1,430명이었고, 이중에 여성이 약 70퍼센트로 나와 있습니다.

학창시절엔 어쩌다 규칙을 어긴다거나 잠시 다른 길로 빠질 수도 있습니다. 하지만 마약이란 한번 빠지면 헤어나오지 못하잖습니까? 들어갈 수는 있어도 되돌아 나올 수 없는 길입니다. 그런데 그걸 알지 못하고 호기심이나 꾐에 빠져 마약에 손을 댄다는 것은 잠깐의 일탈이 아니라 영영 돌아오지 못할 파멸의 길을 가는 것입니다. 참으로 무서운 일입니다.

음주와 흡연도 이와 비슷합니다. 음주와 흡연 문제로 야기되는 여러 사건들이 사회문제가 되고 있습니다. 최근에도 한 연예인의 음주운전 사건이 크게 문제가 되었듯이 음주로 인한 사건사고가 여전히 반복되고 있습니다.

사회가 술과 담배를 어느 정도 당연시하고 있어 경각심이 흐려졌을 뿐, 음주와 흡연도 중독입니다. 더구나 과도한 경우 대인관계가 파탄나고 범죄로 이어질 위험성도 있지요.

인간의 정신과 건강을 좀먹는 중독 문제는 더 심각하게 다루어져야 합니다. 청소년이나 청년들 스스로도 새롭게 인식해야 합니다. 어른들이 한다고 똑같이 따라갈 필요가 없습니다. 술과 담배도 잘못된 관습 중의 하나입니다.

필자는 우리 교회의 가르침대로 술과 담배는 물론 커피도 일절 마시지 않았습니다. 그렇다고 해서 살아오면서 사회생활, 대인관계에서 걸림돌이 된 적은 없습니다. 중독적 요소가 있는 기호품을 굳이 가까이할 필요가 없습니다. 오히려 그런 것들을 하지 않음으로써 나의 직업과 생활에 불필요한 낭비를 하지 않아서 좋았습니다.

말일성도 예수그리스도 교회에서는 음주와 흡연, 커피 등을 금지하고 있습니다. 의사의 처방 없이 복용하는 중독성 약물도 금하고 있습니다.
교리와 성약 89편에서는 성도들이 건강하고 순결한 삶을 살도록 꼭 지켜야 할 기준을 엄격하게 가르치고 있습니다. 이는 단순히 건강의 차원을 넘는 의미가 있습니다. 우리의 신체가 하나님의 은사이므로 그 몸을 정결히 함으로써 하나님께 대한 순종과 경건함을 실천한다는 것을 중요한 교리로 지키고 있습니다. 자기 절제를 통해 하나님의 계명을 따르는 것이지요.

　청소년 시기에 꼭 염두에 두어야 할 것은 건강한 정신, 건강한 신체입니다. 나의 정신세계를 학문적 지식과 문화적 자산으로 채워 나가는 것, 나의 몸을 건강하게 가꾸어 내 삶의 폭을 넓히는 것에 더욱 집중하기를 바랍니다.
　만약 스트레스를 풀고 싶다면 운동이나 문화공연 같은 취미생활을 하는 것이 도움이 됩니다. 혼자 해결할 수 없는 고민이 있다면 가족이나 친구, 멘토와 만나 대화하고 상담하는 것이 좋습니다. 교회 신자가 아니라도 술과 담배, 마약 같은 유혹에 절대 빠지지 않겠다는 의지를 굳게 하기를 바랍니다.

부끄러운 1위

청소년들은 자신의 정서 조절 능력이 미숙한 시기라서 고통과 좌절, 순간적인 충동을 이겨내지 못하는 경우가 많습니다.

우리 현실을 들여다보면 어른으로서 부끄러운 일이 하나 있습니다. 해마다 자살하는 청소년들이 많다는 사실입니다.

정부가 발표한 '2025 청소년 통계'에서 2023년을 기준으로 청소년 사망자 수가 1,867명입니다. 이 가운데 1위가 극단적 선택(자살)인데, 청소년 인구 10만 명당 11.7명에 이르고 있습니다. 이 비율은 2011년 이후 10년 넘게 계속 1위를 지키고 있습니다. 이는 OECD 국가 등 외국의 평균이 10명 내외인 것과 비교해볼 때 상위권이 해당합니다. 더구나 10대 청소년 비율이 7.9명이라니 참으로 가슴 아픈 일입니다.

그 원인을 살펴보면 단순하게 하나의 문제가 아니더군요. 개인과 가족, 학교와 사회와 관련된 여러 원인들이 복합적으로 작용한 결과입니다.

가장 위험한 요인은 우울증입니다. 극단적 선택을 하려 했던 청소년의 약 75퍼센트가 우울증을 경험했다고 하고, 우울증 경험자의 약 30퍼센트가 극단적 선택을 했다고 합니다.

청소년들은 자신의 정서 조절 능력이 미숙한 시기라서 고통과 좌절, 순간적인 충동을 이겨내지 못하는 경우가 많습니다.

가정 내의 문제도 심각하게 영향을 미치고 있습니다. 부모와의 소통 부재와 가족간의 불화, 한부모 또는 이혼가정의 문제도 그 원인으로 파악되고 있습니다. 공부와 경쟁에 대한 압박, 왕따와 학교폭력 등도 심각합니다.

이같은 현상을 한마디로 요약한다면 불안정한 사회로부터 파생되는 결과가 아니겠는가라는 생각이 듭니다. 결국 이 대부분의 불안한 환경은 기성세대의 책임이라고 해야겠지요.

중고등학생 10명 중 4명 이상이 평상시 스트레스에 시달리고 있고, 약 3명이 1년 이내에 우울증을 경험했다는 조사 결과가 있습니다.(여성가족부)

아무리 노력해도 자신의 처지를 극복할 수 없다는 상실감 내지는 열등감, 그리고 가족과 교내 친구들과의 불화와 갈등이 청소년들을 막다른 길로 몰아가고 있는 형국입니다.

28살 젊은 시절에 청력을 잃어가던 베토벤이 가난과 질병을 딛고 역사에 남는 명곡을 썼다는 사실, 영국의 시인이자 사상가였던 존 밀턴이 44살에 시력을 잃고서도 딸에게 원고를 받아쓰게 하여 위대한 명작 《실락원》을 탄생시켰다는 일화는 오늘날 청소년들에게는 멀고 먼 이야기일 뿐입니다.

오늘의 청소년들은 그렇게 위대한 인물의 영향이 필요한 것이 아니라 지금 당장의 '안아주는' 위로, '이해해주는' 사랑이 필요합니다.

그 역할을 가족이 못해줄 때에는 친구가, 선생님이 못해줄 때에는 사회의 그 누군가가 안아주어야 하겠지요. 교회와 같은 곳에서 신앙적으로 의지가 되어주어도 좋겠습니다.

가장 먼저 그들의 아픈 이야기를 들어주고 상담하고, 그들의 고통을 안아주는 자세가 필요합니다. 필요하다면 학교와 교회, 사회 곳곳에서 그런 역할을 맡아주면 좋겠습니다.

인간의 여정에서는 행복과 불행을 둘 다 경험하곤 합니다. 그 둘은 불가분의 관계에 있습니다.

미국의 시인 칼릴 지브란은 그의 저서 《예언자》에서 이렇게 말하고 있습니다.

"당신이 즐거울 때 당신의 마음속 깊이 들여다보십시오. 그러면 당신은 당신에게 지금 기쁨을 주고 있는 것이 바로 이제까지 당신에게 괴로움을 주어왔던 것이라는 사실을 알게 될 것입니다. 당신이 슬플 때 다시 당신의 마음속을 들여다보면, 이제까지 당신에게 즐거움이 되어왔던 것 때문에 당신이 울고 있다는 사실을 알게 될 것입니다."

성경 시편 119장 71절에서는 "고난당한 것이 내게 유익이니라. 이로 말미암아 내가 주의 율례들을 배우게 되었나이다."라고 말씀합니다.

견디기 힘든 고통 속에 있을 때 가장 먼저 나와 함께해줄 사람을 찾으십시오. 그리고 그 괴로움을 덜고 나면 그 자리에 행복이 깃들게 된다는 사실을 꼭 기억하기 바랍니다.

고전에서 배운 것들

**지혜로 세운 집은 결코 무너지지 않습니다.
고전이란 지혜로 지은 집이자 영혼의 집인 셈입니다.**

필자는 일제강점기에 태어난 관계로 시대적으로는 근대서부터 현대까지 살아왔기 때문에 요즘 청년들과는 전혀 다른 경험을 많이 했습니다. 예를 들어 서당 훈장님에게서 한학(漢學)을 배운 것 같은 일은 특별한 경험입니다. 또, 서울이 아닌 지방에 살고 있었어도 6.25전쟁 중 서울에서 피난 내려온 명망 있는 선생님들에게서 가르침을 받는 행운도 누릴 수 있었습니다.

그런 가운데 중국의 고전인 《시경》, 《춘추》, 《논어》 같은 한학을 공부한 것이 기억에 남습니다. 그런 결과로 한시를 짓는 수준까지 이르기도 했지요. 그리고 고전을 통해 인격과 도덕의 기초를 닦으면서 평생 가슴에 간직할 만한 인생의 지혜를 배웠습니다.

잠언(2:10)에도 "지혜가 네 마음에 들어가며, 지식이 네 영혼을 즐겁게 할 것이다."라는 말씀이 있습니다.

육신의 집은 세월이 지나면 허물어지나 지혜로 세운 집은 무너지지 않습니다. 고전이란 지혜로 지은 집이자 영혼의 집인 셈입니다.

고전(古典)은 단순히 옛글이나 오래된 책을 말하는 게 아닙니다. 동서양과 시대를 불문하고 많은 독자들에게 영감과 감동을 주는 작품을 고전이라 합니다.

흔히 사서육경(四書六經)이라 하지만, 한문으로 된 유학의 고전 말고도 서양의 철학서나 문학작품 중에도 시대를 넘어 사랑받는 저술들이 많습니다. 물론 우리나라 작품들도 있구요.

그런데 동시대 작품을 읽기도 벅찬데 왜 오래된 고전을 읽어야 하는 걸까 하는 의구심을 가질 만도 합니다. 그에 대한 답은, 한마디로 고전이 한 사람의 인생 전반에 영향을 미치는 철학적 자산이라는 점 때문이지요.

고전은 단지 학생 시기에만 필요한 것이 아닙니다. 사회인이 되어서도 문득 어떤 책이 다시 읽고 싶어집니다. 시간이 없거나 기회를 놓쳐서 읽지 못했던 고전을 다시 찾게 됩니다. 그 이유는 여러 가지겠지만, 그 책의 의미를 제대로 이해할 수 있을 만큼 내가 성숙했거나, 또는 그 고전의 가치를 새롭게 이해하고 싶은 의욕이 생겼을 때 그런 마음이 들곤 합니다.

그런 만큼 고전은 누구에게나 소중하고, 사람은 누구나 나이를 불문하고 고전을 가까이하고 싶어 합니다. 또한 고전은 삶의 고난을 이겨내는 지혜를 줍니다. 우리가 고전을 통해서 삶의 의미와 희망을 발견했기 때문에 실제 그와 비슷한 상황에 처했을 때 이를 잘 해결해 나가는 데 도움이 되는 것입니다.

대학마다, 또는 각계 석학들이 추천하는 고전 목록이 있습니다. 고전에 관심이 있다면 그 목록 중에서 하나둘씩 골라 독서해보기를 권합니다. 더욱이 10~20대에 좋은 고전을 만난다면 그 의미가 오래도록 빛을 발할 것입니다.

내일을 준비하는 사람

소망이 없는 이는 신앙이 있을 수 없습니다.
또한 신앙이 없이는 구원에 이르는 능력도 있을 수 없습니다.

하나님은 우리가 절망보다 희망을 택하고, 두려움보다는 믿음으로 살도록 만드셨습니다.

몰몬경 모로나이서 7장 요약에는 이렇게 기록되어 있습니다. "하나님께서 주신 것은 절망이 아니요, 소망이니라." 또, 교리와 성약 6장 36절은 말씀합니다. "너는 의심하지 말며 두려워하지 말라."

이 말씀이 늘 함께한다면 우리는 어둠 속에서도 하나님의 빛을 볼 수 있습니다.

고든 B. 힝클리 대관장님은 "우리의 마음속에는 고난과 고통에 빠진 사람들에게 위로와 희망을 주고자 하는 소망이 자리하고 있습니다. 우리는 이 시대의 비관주의를 낙관주의 믿음으로 바꾸어야 할 필요성을 절감합니다."라고 말씀하십니다.

낙관주의는 나를 위한 태도이며, 이웃을 위한 사랑의 표현입니다. "사랑은 모든 것을 믿으며, 모든 것을 바라며, 모든 것을 견디느니라."(고린도전서 13:7)

낙관주의는 하나님의 나라를 소망하는 태도입니다. 부정은 쉽고 비난은 간편합니다. 그러나 신앙인은 언제나 희망하는 사람입니다. 낙관은 하늘을 바라보는 영적 결단인 것입니다.

소망이 없는 이는 신앙이 있을 수 없습니다. 또한 신앙이 없이는 구원에 이르는 능력도 있을 수 없습니다. 그러므로 낙관주의는 하나님께서 주신 소망을 내 가슴에 심는 훈련이라고 하겠습니다.

세계를 석권하고 있는 우리나라 양궁 선수들은 이미지 트레이닝 훈련을 한다고 합니다. 과녁 중앙에 화살이 명중하는 장면을 끊임없이 떠올리는 훈련을 통해 실제 경기에서 두려움 없이 활시위를 당긴다는 것이지요. 한순간의 불안이나 의심이 있다면 그 화살은 원하지 않은 곳에 꽂히고 맙니다.

신앙도 마찬가지라고 생각합니다. 우리는 아직 이루어지지 않은 하나님의 약속을 믿음의 눈으로 바라봅니다. 희망의 언어, 감사의 태도, 밝은 기대를 가지고 내일을 향해 꾸준히 나아가는 자세, 그렇게 이미지 트레이닝을 하는 것이 곧 낙관주의입니다.

낙관주의는 영원한 소망을 품은 이의 삶의 태도입니다. 그 빛은 나를 밝히고 타인에게는 희망이 됩니다. 그리고 낙관주의자는 단순한 긍정주의자가 아니라 믿음으로 내일을 준비하는 사람입니다.

사랑은 낙관의 뿌리이고, 낙관은 사랑의 열매입니다. 낙관주의자는 타인의 미래를 함께 꿈꾸는 사람입니다. 그러므로 그 길의 끝에는 반드시 하나님의 뜻이 풍성히 이루어질 것입니다.

이웃 사랑의 의미

"너희가 너희 동포에게 봉사하였을 때 그것은 곧 하나님께
봉사한 것임을 기억하라."

　　　　　　　　이웃을 사랑한다는 의미는 무엇일까요? 나 자신이 행복을 누린 다음 남을 배려하는 것인가요? 아니면, 나 자신에 앞서 남을 먼저 배려하는 것이 이웃 사랑인가요?

　디지털 시대라는 요즘은 후자의 경우를 이웃 사랑이라고 생각하는 사람이 많아진 것으로 보입니다.

　그렇지만 예수님께서는 선한 사마리아인의 비유(누가복음 10장)를 통하여 이웃이 누구인지를 명확하게 밝혀주셨습니다. 이웃이란 혈연이나 민족, 종교의 경계를 넘어 도움을 필요로 하는 모든 사람들이 우리의 이웃임을 가르쳐주셨던 것입니다.

그래서 교리와 성약 81편 5절은 성도로서의 사명을 구체적으로 말씀하고 있습니다.

"무릇 너는 병든 자를 권고하며 가난한 자를 구제하며 고난당하는 자를 도우며 무지한 자에게 교훈을 줄지니라."

이는 권유가 아닌 명령이며, 그리스도의 지체로서 이 땅에서 하나님 나라를 구현해야 하는 거룩한 소명인 것입니다.

또한 예수 그리스도께서는 율법과 선지자의 모든 가르침을 하나의 계명으로 말씀해주셨습니다.

"네 이웃을 네 자신같이 사랑하라."(마태복음 22:39)

우리는 믿음만으로는 천국에 갈 수 없다는 진리를 깨달아야 합니다. 믿음이 지적 단계에 그쳐서는 안 되는 것입니다. 그 믿음이 나의 의지 속에 작용하여 선한 행동, 즉 이웃 사랑으로 변화될 때 비로소 믿음은 사랑의 열매를 맺게 됩니다. 그러므로 사랑과 신앙은 둘이 아니고 하나인 것입니다. 반드시 하나가 되어야 합니다.

전 세계에 흩어져 사는 유대인은 대략 1,600만 명이라고 합니다. 이는 80억 세계 인구의 0.2퍼센트 정도입니다. 그런데 노벨상 수상자 중 유대인 출신은 약 22퍼센트이 달하고 있습니다. 2023년 기준으로 개인 수상자가 총 965명인데, 그 중에서 유대인 또는 그 후손이 약 210여 명이라고 합니다.

유대인 출신 수상자 비율이 높은 이유는 무엇일까? 지성이 중시되는 문화, 토론 중심의 교육문화, 높은 교육열 등등 여러 측면에서 분석하고 있습니다만 이들의 종교적 전통에서 그 원인을 찾으려는 사람들이 많습니다.

그들이 굳게 믿는 하나님의 가르침인 십계명을 요약하면 하나님과 이웃 사랑이라고 할 수 있는데, 이러한 신앙심과 정신이 그들을 위대하게 만든다는 논리가 설득력 있게 들립니다.

어떤 사람이 이름을 날리고 재산을 많이 모으고 사람들 위에 군림할지라도 경건하게 하나님을 믿고 이웃을 사랑하는 동기에서 그같은 사회적 명성과 지식과 부를 사용하지 않는다면 천국에서는 무용한 것이 되고 맙니다. 그런 사람은 천국 천사의 영접을 받을 수 없습니다. 삶의 의미가 오직 자기 자신만을 위한 성취에만 집중한다면 이웃 사랑의 가르침을 주신 주님의 뜻을 훼손하는 것과 같기 때문입니다.

몰몬경 모사이야서 2장 17절은 "너희가 너희 동포에게 봉사하였을 때 그것은 곧 하나님께 봉사한 것임을 기억하라."라고 기록하고 있습니다. 이웃 사랑은 단순한 선행이 아니라 영적 훈련이며 구원을 향한 순례의 걸음인 것입니다. 그러므로 우리는 하나님을 사랑하는 만큼 우리의 이웃을 사랑해야 합니다.

갈릴리 바다의 교훈

하나님께서 우리에게 묻고 계십니다. 너는 과연 빛과 소금으로 살고 있는가?

예수님은 베들레헴에서 태어나 예루살렘에서 십자가에 못박혀 돌아가시고 부활하셨지만 주로 활동한 지역은 갈릴리였습니다. 처음 기적을 보이신 곳도 갈릴리의 가나였고, 설교하고 치유해주신 곳도 갈릴리의 가버나움이었지요.

필자도 기독교인의 한 사람으로서 예수님의 발자취를 따라가며 성경의 역사적 배경이 되었던 유적지를 순례한 적이 있습니다.

예수님께서 산상설교를 하셨다는 언덕에서 갈릴리해를 내려다보면 2천 년 전 예수 그리스도께서 세상의 빛과 소금이 되라 하신 설교 말씀이 바람을 타고 가슴에 와닿는 것 같았습니다. 물이 귀한 이스라엘에서는 호수를 바다로 높여 불러줍니다. 갈릴리 호수를 갈릴리해(海) 또는 티베리아해로 부릅니다. 또, 젖과 꿀이 흐르는 아름다운 갈릴리라고도 하지요.

갈릴리 북쪽 해변은 예수님께서 가르침을 처음 전파하기 시작한 곳입니다.

"회개하라. 천국이 가까이 왔느니라."(마태복음 4:17) 하시며 중요한 말씀을 전파해주셨고, 또한 갈릴리 해변에서 어부 시몬 베드로와 안드레아, 야고보와 요한 등 네 명의 어부를 제자로 부르셨습니다.

많은 사람들의 병을 고쳐주셨고 뒷산에 오르셔서 산상수훈의 팔복을 말씀하셨습니다.

산과 바위, 호수는 여전히 옛 모습 그대로입니다. 그 현장감 넘치는 그곳을 걷노라면 감개무량한 마음에 발걸음을 멈추게 됩니다.

"너희는 세상의 소금이니 소금이 만일 그 맛을 잃으면 무엇으로 짜게 하리오. 후에는 아무 쓸데가 없어 다만 밖에 버리워 사람에게 밟힐 뿐이니라. 너희는 세상의 빛이라 산 위에 있는 동네가 숨기우지 못할 것이요."(마태복음 5:13~14)

제자들에게 세상에 선한 영향력을 끼치며 살아가라는 가르침입니다. 부패를 막고 맛을 더하듯, 또 착한 행실로 세상의 어둠을 밝히듯 살기를 바라셨습니다.

'빛과 소금'! 갈릴리 언덕에 서서 다시금 생각합니다. 하나님께서 우리에게 묻고 계십니다. 너는 과연 빛과 소금으로 살고 있는가?

빛과 소금이 된다는 것은 한마디로 이웃을 사랑한다는 것입니다. 고통받는 이에게 손을 내밀고, 소외된 이의 곁을 지키는 것, 배고픈 이를 위해 식탁을 나누는 일이 바로 복음을 실천하는 삶입니다.

"네 이웃을 네 자신과 같이 사랑하라."(마태복음 22:39)라는 말씀처럼 사랑은 신앙의 중심을 이루는 하나님의 계시입니다.

고린도전서 13장에서 바울은 이렇게 고백합니다.

"믿음, 소망, 사랑, 이 세 가지는 항상 있을 것인데 그중에 제일은 사랑이라."

참된 신앙은 이웃을 통해 시험받고 사랑을 통해서 완성됩니다.

직업과 봉사

장학사업에 크게 관심을 두고 있는 것은
필자 역시 장학금으로 공부하여 오늘이 있었기 때문입니다.

필자는 국제치의학회(ICD : International College of Dentists) 한국회 회장에 선임되어 활동한 적이 있습니다. ICD는 치의학 분야의 전문성과 뛰어난 윤리의식, 리더십, 봉사정신을 갖춘 치과의사들을 추천으로 선별하여 회원으로 초청하는 학술단체입니다. 1920년에 설립되어 110년이 넘는 역사를 지녔고, 현재 전 세계 12,000명 정도의 회원이 있습니다.

세계적으로 일정 수준 이상의 치과의사만 들어갈 수 있는 학회의 멤버가 되고, 그 학회의 회장으로 활동한다는 것은 대단히 영예로운 일입니다. 영광스럽게도 나는 60년 이상 의사의 길을 걸어오면서 성공한 치과의

사라는 과분한 평가를 받았습니다. 저 또한 개원의로서, 치과대학 외래교수로서, 치의학계 원로로서 그 명성에 부끄럽지 않은 삶을 살려고 최선을 다했습니다. 또 의사라는 전문직업인으로서 나 자신만을 위해 일하지 않는다는 자세를 굳게 지킬 수 있었다는 점에서 자부심을 가지고 있습니다.

현재에 안주하지 않고 언제나 새로운 정보와 기술을 익히려고 했습니다. 최첨단 장비를 도입하는 데도 주저하지 않았습니다. 아울러 나에게 치료를 받기 위해 찾아오는 환자와 정기검진 고객들을 내 몸과 같이 돌보았으며, 치의학계 발전에 기여해야 한다는 신념은 한 번도 흔들린 적이 없었습니다.

이렇게 하다 보니 병원이 번화가에 있지 않음에도 불구하고 내원하는 분들이 많았습니다. 당연히 수입도 적지 않았지요. 하지만 이 수익을 나 자신을 위해 쓰기보다는 보다 뜻있는 일을 위해 쓰려고 노력했습니다.

1995년, 병원이 있는 삼청동의 생활보호대상자들을 돕는 '삼청동 생활보호대상자 후원회'를 만들어 20년 넘게 매달 40여 가정에 생활비의 일부를 후원해주었습니다. 여기에는 나를 믿고 후원해주는 50여 명의 후원회원들이 계셔서 좀더 많은 분들을 도와줄 수 있었는데, 단 한푼도 다른 용도로 사용하지 않고 오로지 주민들을 돕는 일에만 사용했습니다.

또, 고향을 위하여 '재단법인 보은장학회'에 창립이사로서 오랫동안 일했고, 내가 몸담고 있는 말일성도 예수그리스도 교회 학생들을 위해 재단법인 '우림장학재단'을 만들어 형편이 어려운 청소년과 청년들을 후원해오고 있습니다.

이렇게 장학사업에 크게 관심을 두고 있는 것은 필자 역시 장학금으로 공부하여 오늘이 있었기 때문입니다. 내가 받은 은혜를 사회에 다시 되돌려준다는 데 큰 의미가 있는 것입니다.

공자는 《논어》에서 '군자불기(君子不器)'를 얘기했습니다. 즉, 학식과 덕행을 갖춘 사람은 단순한 기능적 도구가 아니라 도덕적 가치와 공공의 책임을 갖춘 사람이 되어야 한다는 가르침입니다. 현대적으로 볼 때도 직업적 전문가에 그치지 말고 존경받는 인격을 갖추고 사랑을 베푸는 사람이 되라는 의미가 담긴 말입니다.

의사란 단지 아픈 이들을 치료하는 전문가에 그쳐서는 안 됩니다. 아픈 이의 마음까지 돌보는 인술을 펼쳐야 합니다. 또, 자신의 전문지식과 능력을 가지고 사회에 도움을 줄 수 있어야 합니다.

군자는 단순한 그릇이 아니라 사람을 담는 그릇이며 세상을 품을 수 있는 넉넉한 인격체가 되어야 한다는 '군자불기'의 정신은 오늘날에도 유용한 가르침입니다.

4부

나의 기도,
나의 기쁨

우리에게 중요한 일은 복음을 믿고 계명을 지키며 완전하고 영원한 가족 단위를 창조하는 것입니다. 말일성도들은 할 수 있는 한 최선을 다하며 자신의 일을 완전에 가깝도록 하려고 노력하고 있습니다.

청년과 교회

내가 원하는 것을 도전하고 성취할 수 있도록 우리 사회가 도움이 되고 있는가?

어른들이 바라보는 청년들은 예나 지금이나 늘 걱정스러웠습니다. 어제오늘의 일이 아니었던 것이죠. 이런 시각은 그리스 로마 시대에도 마찬가지였다고 합니다. 기원전 5세기경 소크라테스 시대로부터 20세기를 거쳐 현재에 이르기까지 그같은 사회 분위기는 대동소이했습니다. 무절제하고 방종하는 듯한 청년 문화를 바라보는 사회의 시선은 늘 못마땅하고 걱정스러웠던 것이지요.

시대를 불문하고 청년 문화의 기저에는 늘 기성세대에 대한 반감이 깔려 있었습니다. 사회에 대한 비판, 권위에 대한 반발, 도덕적 규율에 대한 일탈, 패배주의와 같은 청년 문화는 근본적으로 기성세대와 융화될 수 없었습니다. 그러니 어른들의 시각에서 볼 때 염려스러웠던 것입니다. 그들이 추구하는 새로운 가치, 새로운 문화가 경솔해 보여서 더 그랬을 것입니다.

이는 동서양을 불문하고 똑같이 일어나는 현상이었습니다. 대상과 정도만 다를 뿐 신구 세대간의 갈등은 수천 년 동안 이렇게 반복되어 왔던 것입니다.

그러나 이러한 문제가 단순히 세대 간의 시각차나 갈등으로만 볼 게 아니라는 생각이 듭니다. 이는 인간 사회가 안고 있는 원천적인 문제가 아닐까요? 신구 세대간에 지속적으로 반복해서 일어나는 악순환인 게 아니라 우리 사회의 '거울' 그 자체라고 봅니다. 늘상 있었던 현상 중의 하나라고 보는 것이지요. 세대의 문제로만 볼 것이 아니라 우리 사회를 정면에서 바라보아야 하는 현실 문제라는 생각입니다.

내가 살아가고 있는 오늘의 사회가 나에게 자유와 평안한 삶을 보장해 주고 있는가? 내가 원하는 것을 도전하고 성취할 수 있도록 우리 사회가 도움이 되고 있는가? 그리고 이 사회가 누구에게나 공평하고 진실한 제도와 절차를 갖추고 있는가? 청년들은 우리 사회를 향해 많은 의문을 던지고 있는 것입니다.

 가정과 사회, 그리고 학교에서조차 이러한 면에서 부족한 게 많습니다. 각자 제 역할을 다하지 못하고 있습니다.

 필자는 이가운데서 종교가 지금보다 더 많은 몫을 맡아야 한다고 봅니다. 교회가 청년들을 두 팔을 벌려 안아야 한다고 봅니다. 청년들을 안아 줄 사랑과 희망, 변화의 모습이 필요합니다.

 필자와 우리 가족은 말일성도 예수그리스도 교회를 다니는 신앙 가족입니다.

 말일성도 예수그리스도 교회(또는 예수그리스도 후기성도 교회)는 개신교로 분류되기도 하지만 가톨릭 이전 예수그리스도 당시의 교회가 주님에 의해 다시 '회복된 교회'를 말합니다. 예수그리스도의 속죄와 부활, 예수그리스도를 통한 구원을 믿는 기독교의 한 종단입니다.

 이제부터 4부에서는 필자의 신앙생활 경험을 바탕으로 젊은이들에게 하나님의 사랑을 전하는 이야기, 우리 교회와 관련된 이야기를 들려주려고 합니다.

진리의 빛을 찾아서

비로소 필자는 기쁜 마음으로 교회에 참여하면서 참 신앙인으로
변화하는 계기를 맞이했던 것이지요.

필자의 얘기부터 시작하지요. 대전고 시절 잠시 감리교회에 다닌 적이 있고, 서울대 재학 시에는 목사님들 평판을 따라서 경동교회와 신일교회, 영락교회, 남산 다락방교회 등에 나가 본 적이 있습니다.

하지만 신앙심이 충만하게 차오르지 않아 정식 교인이 되지 않은 채 지내다가 대학을 마치고 군의관으로 입대했습니다. 20사단 전방부대에서 1년간 복무한 뒤 두 번째 임지가 경복궁 옆 수도육군병원이었습니다. 여기서 7년간의 군복무를 마치고 난 뒤 병원 인근의 팔판동과 소격동에서 최욱환치과의원을 개원했고, 공교롭게도 최근까지 약 60년 동안 한동

네에서 의사 생활을 해왔습니다.

수도육군병원에서 근무할 당시였습니다. 미8군 OJT 전문의 연수과정에 선발되어 미8군에서 교육을 받게 되었습니다. 1966년 7월 즈음이었습니다. 서울역에서 삼청동으로 가는 소형 버스에서 2명의 미국인 선교사를 만났습니다. 그때만 해도 시내에 외국인이 흔치 않던 시절이라 눈길이 갔고, 그들의 단정한 모습이 인상적이었습니다.

한번은 선교사들이 집집마다 방문하다가 우리 집에 들렀는데, 내가 관심을 가지고 있는 것을 안 아내가 그분들하고 약속을 잡아두어 집에서 몇 차례 만났습니다. 훗날 알게 되었으나, 그때 필자에게 교회 소개와 함께 교리에 대해 설명해준 선교사가 밀러 장로와 이구남 장로였습니다.

어느 주일날 오후, 삼청지부에 초대되어 가게 되었습니다. 당시에는 한인상 형제가 선교사업을 마치고 서울로 돌아와 삼청지부장을 맡고 있을 때였습니다. 나는 한인상 지부장의 인도로 한국에 온 지 일주일 된 칵스 장로에게서 침례를 받고 비로소 성도가 되었습니다.

말일성도 예수그리스도 교회의 예배 방식과 교리를 가르치는 방법 등 모든 것이 마음에 들었습니다. 더욱이 다른 교회에서는 목사가 설교를 하는데, 이 교회에서는 누구에게나 그 기회를 주어서 영적으로 성장할 수 있도록 하고 있었습니다.

　선지자이신 조셉 스미스의 간증이나 몰몬경 등은 매우 특별하였습니다. 성도들 가운데 몇몇은 몰몬경 영어 원서로 성경공부를 하고, 주일이면 오전에 신권회(Priesthood Quorums, 12세 이상의 형제들이 복음 공부와 봉사 계획 등을 세우는 모임)와 상호부조회(Relief Society, 18세 이상 자매들의 신앙 성장과 봉사활동 등을 돕는 모임)를 갖고, 이어서 주일학교(기초복음반, 복음교리반)가 열렸습니다. 그리고 저녁에 다시 모여 성찬식의 말씀을 가졌는데, 이 모든 것들이 나의 신심을 뜨겁게 해주었습니다.

　헌금도 다른 교회에서처럼 예배의식 중에 내지 않고 매월 한 번 개별적으로 내고, 지부장과 서기가 헌금봉투를 열어 그 다음주에 영수증을 발급하며 헌금은 그대로 본부로 이관합니다. 또, 매월 첫 주일은 금식주일로 하여 하루 두 끼를 금식해 금식헌금을 내며, 이 헌금으로는 지부와 스테이크(Stake, 여러 지부를 묶은 지역단위 교구)의 어려운 사람들을 돕는 데 사용합니다.

　대학생 시절, 필자는 을지로6가의 한 교회에 나갔다가 갑자기 신앙에 대해 근원적인 의문을 갖는 계기가 있었습니다. 교회에서 많은 헌금을 내는 부자, 그리고 교회 근처의 계림극장 앞에서 껌을 파는 아줌마 중에 누가 더 정직하고 신실한가를 깊이 생각해 보게 되었던 것입니다.

　그런데 말일성도 예수그리스도 교회에서는 부자든 빈자든 간에 모두가 공평하게 신앙생활을 하면서 근면 정직한 삶 속에서 이웃 사랑을 실천하는 모습을 볼 수가 있었습니다. 비로소 필자는 기쁜 마음으로 교회에 참여하면서 참 신앙인으로 변화하는 계기를 맞이했던 것이지요.

　그로부터 그리스도의 영원한 복음에 순종하는 삶 속에서 자비로우신 하나님의 사랑을 가슴에 담게 되었습니다. 나의 의로운 이웃들과 함께 하나님의 복음을 받아들이게 되었던 것입니다.

말일성도 예수그리스도 교회

이들은 전쟁의 폐허 속에 고통받던 우리 국민들과 함께 고난의 나날을 지내야 했습니다.

말일성도 예수그리스도 교회(또는 예수그리스도 후기성도 교회, The Church of Jesus Christ of Latter-day Saints, 약칭 LDS)는 1830년 조셉 스미스(Joseph Smith) 선지자께서 미국에서 세운 기독교 종단입니다. 그래서 교회 본부가 미국 유타주 솔트레이크 시티에 있습니다. 한때는 몰몬교라고 알려졌었는데 이는 공식 명칭이 아닙니다. 우리 교회의 경전인 '몰몬경'에서 유래되었을 뿐입니다.

현재 세계적으로는 2천만 명이 넘는 신도(교회 내에서는 회원이라고 함)가 있고, 우리나라에는 약 10만 명의 회원이 있습니다.

우리나라에는 1950년대 6.25전쟁 시기에 미군을 통해 처음 전파되었고, 1956년부터 공식 선교가 시작되었습니다.

우리는 아시아에서 처음으로 1985년 서울성전이 봉헌되었고, 지금은 부산성전을 건립 중입니다.

교회는 개별 회중 단위인 와드(Ward, 지역교회)가 있습니다. 그 상위에는 몇 개의 와드로써 구성된 스테이크(Stake, 교구)가 있고, 여기서는 스테이크장이 이끌어가고 있습니다.

미국 본부에는 예언자이자 교회 총책임자인 회장(대관장)이 계시고, 회장을 보좌하는 십이사도 정원회, 그리고 세계 각 지역을 관리하는 칠십인 정원회로 구성됩니다.

1973년, 우리나라에 아시아 최초의 스테이크인 서울 코리아 스테이크가 설립되었습니다.

우리나라의 첫 번째 교인은 1951년 미국에서 침례를 받고 귀국한 김호직 형제입니다. 이분은 코넬대 영양학박사로서 홍익대학장, 문교부차관, 한글학회 이사장 등으로 활동한 분인데, 6.25전쟁 중에 복음을 전하는 사역을 했습니다.

교회가 우리나라에 공식적인 선교사업을 시작한 것은 1955년입니다. 십이사도정원회 조셉 필딩 스미스 회장이 1955년 8월 2일 방한해 우리나라를 복음 선포지역으로 헌납하였고, 공식 조직으로 한국지방부를 조직하고 김호직 형제를 초대 지방부장으로 임명하였던 것이 그 시초였습니다.

공식 선교사가 들어온 것은 1956년입니다. 돈 G. 파월 장로와 리처드 L. 데튼 장로가 첫 전임 선교사로 파견되었습니다. 이때부터 외국 선교사들이 국내에서 활동하기 시작했던 것이지요.

이어서 일본 도쿄에 있는 북극동(北極東) 선교부에서 11명의 선교사가 들어왔습니다. 이들은 전쟁의 폐허 속에 고통받던 우리 국민들과 함께 고난의 나날을 지내야 했습니다. 음식, 잠자리 할 것 없이 열악하기 짝이 없는 환경 속에서 고생해야 했습니다. 기차, 버스와 같은 교통수단도 원활하지 못해 선교사업에 어려움이 많았습니다.

선교사들은 간염으로 고열이 나는 등 건강까지 위협받는 지경이 되었습니다. 그러자 북극동선교부에서는 철수해야 하는 게 아니냐고 심각하게 걱정했다고 합니다. 하지만 이분들은 생각이 달랐습니다. '한국 사람들도 똑같이 어려운데 어떻게 우리가 이곳을 떠나겠느냐'며 이 땅에서 주님 사업을 위해 목숨을 바치겠다며 철수하지 않았습니다.

  순교 정신이 하늘에 닿았는지 다행히 선교사들도 건강을 회복해 선교 사업을 지속할 수 있었고, 이분들의 노력으로 성도들의 숫자가 늘어나고 교회도 서울에 다섯 곳, 부산과 대구에 한 곳씩 설립되기에 이르렀습니다.

  현재 우리나라는 필리핀과 일본에 이어 아시아에서 세 번째로 많은 회원을 가지고 있습니다.

복음을 가슴에 안고

**주님을 사랑하고 성도들을
사랑하는 마음으로 제가 걸어가야 할 길을 간구하며 봉사했습니다.**

필자가 신앙의 첫발을 내디뎠던 교회는 서울 삼청지부였습니다. 삼청지부는 6.25 정전협정이 체결된 다음 해인 1954년, 일본식 목조주택(일명 하꼬방)을 구입해 예배당으로 사용하게 되면서 시작되었습니다. 앞서 얘기했듯이 필자는 1966년 수도육군병원에서 근무할 당시 선교사들을 만나게 되면서 입교하게 되었었지요.

신심이 돈독한 성도들과 함께 착실하게 신앙심을 키워가던 중 1969년 2월 삼청지부장으로 부름을 받았습니다. 아직 육군 소령으로 복무하고 있었으나 3월에 전역 명령을 받은 상태였으므로 곧바로 시작했고 3년 반 동안 봉사를 했습니다.

교회는 1970년대에 비약적으로 발전했습니다. 그래서 1973년 3월 8일 우리나라 최초의 교구로 서울 스테이크가 출범하게 되었습니다.

서울 스테이크가 조직되면서 이호남 형제가 초대 스테이크장을 맡았고 필자는 그의 아래서 제2보좌를 맡았습니다. 이후 1978년에 제2대 서울 스테이크장에 임봉되었습니다.

교회의 소임을 맡을 때마다 필자는 주님께 엄숙한 기도를 드리며 봉사에 임했습니다. 주님을 사랑하고 성도들을 사랑하는 마음으로 제가 걸어가야 할 길을 간구하며 봉사했습니다. 그러면 주님의 영이 새로운 영적 세계를 열어주시어 말할 수 없는 기쁨을 가져다주시며 전능하신 분에 대한 경외심으로 가득 차게 하였습니다. 그리스도의 영원한 복음에 순종하는 이들에 대한 자비로우신 하나님의 사랑을 느끼게 되었습니다.

우리 교회는 가톨릭과 개신교와는 여러 면에서 차이가 있고, 독자적인 경전과 신학체계, 교회 조직 등을 가지고 있습니다.

경전은 구약과 신약성경 외에 몰몬경(고대 아메리카 대륙 선지자들의 기록), 교리와 성약(조셉 스미스 선지자의 계시), 값진 진주(조셉 스미스 선지자의 번역 및 계시) 등이 있습니다.

현대에도 하나님께서 선지자에게 계시를 주고 계시고, 그런 분이 교회 회장(대관장)으로 부름받아 전 세계 성도들을 이끌어가고 있습니다. 또한 모든 성직자는 회원들 중에서 부름받은 사람이 아무 급여도 받지 않고 봉사하도록 되어 있습니다. 그래서 우리 교회의 특징 가운데 하나가 보수를 받는 성직자가 없는 평신도 교회라는 점입니다.

우리 교회는 특히 가족 중심의 신앙입니다. 가정은 신성하고 결혼은 영원한 결합이며 이는 사후에도 계속됩니다.

자녀들이 장성하면 결혼을 하게 됩니다. 일반적으로는 예식 장소라든가 음식 등 여러 가지 고민해야 할 일들이 많지요. 그러나 성전에서 결혼하는 일은 참으로 의미 있는 일이 아닐 수 없습니다.

이는 새로운 부부가 진정한 행복으로 가는 중심에 있는 것이고 영생으로 가는 원거리 여정의 시작이며, 이 지상에서 부부로 살아가는 것은 물론 영의 세계에서도 부부로서 인봉되는 의식이 되는 것입니다. 성전에서의 혼례는 부부가 지상 생활을 넘어 저세상에서도 영생을 같이한다는 의미를 갖는 것입니다.

결혼과 가정 생활은 단순한 사회적 관습이 아니라 하나님의 구원 계획입니다. 영원한 가족의 기초를 쌓는 과정인 것이지요. 우리는 복음 안에서 자신과 가족이 더욱 강화되어 하나님의 의로운 백성으로서 빛과 소금의 역할을 다하는 삶을 살아야 합니다.

선교 사역 이야기

제 자녀들이 국민의 한 사람으로서,
또 교회의 성도로서 모범을 보여온 것에 대해 자랑스럽게 생각합니다.

성인이 되면 자신의 길을 가는 동시에 개인적으로 여러 가지 사회적 의무와 책임을 다하게 됩니다. 우리 교회에서는 청년들이 자발적으로 2년(남성) 또는 1년 반(여성) 동안 선교 봉사를 합니다.

필자는 선교사를 가는 아들과 손자 들을 보면서 참으로 그 뒷모습이 아름답다는 생각을 가졌습니다. 더욱이 건강한 남성이라면 2년간(요즘은 18개월)의 군복무를 마쳐야 하는데, 선교사로서 또다시 2년 동안 봉사한다는 것은 부담스러운 일입니다. 자신의 미래를 위해 가장 귀중한 시간을 써야 할 황금기에 4년이란 긴 시간을 희생한다는 것은 보통 일이 아닙니다.

그럼에도 필자의 아들과 손자 들이 선교사를 하러 출발하는 날, 기도하는 모습을 보면서 참으로 하늘의 고귀한 영이 그에게 내려와 있다는 느낌을 받았습니다. 진리를 찾는 어린 양을 주님의 품으로 인도하려고 거친 세상을 향해 나아가는 그들은 진정 교회를 대표하는 사람이 될 것입니다. 또, 주님께서 가장 기뻐하시는 일을 하려는 그들에게 하늘이 축복하여주실 것입니다.

필자의 자녀들은 모두 선교 봉사에 임했습니다. 큰아들은 위스콘신주 마켓대학교 치과대학을 졸업해 나와 같이 치과의사의 길을 가고 있는데, 큰아들 역시 청년시절에 군복무와 선교 사역을 잘 마쳤습니다. 또한 개원의로서 일하고 있는데, 장애인을 위한 진료 봉사를 꾸준히 해온 공로로 2009년에 제21회 아산상(자원봉사상)을 받았습니다.

그리고 큰손자는 서울대 공대를 졸업하고 부산선교부 소속으로 2년간 선교를 했습니다. 이후 군복무까지 마치고 서울대 의학전문대학원에 진학해 공부하고 지금은 신경외과 의사로서 일하고 있습니다.

큰손녀도 한양대 음대 재학중에 서울선교부 소속으로 선교사로 봉사했습니다.

필자의 둘째아들도 똑같은 길을 걸었습니다. 둘째는 서울대 사범대학에서 공부하고 미국 브리검영대학교 경영학과를 졸업했습니다. 유타주에 있는 이 대학은 말일성도 예수그리스도 교회가 1875년에 세운 대학입니다. 규모가 미국에서 가장 크고 전 세계에 몇 손가락 안에 드는 대학이지요.

둘째는 브리검영대 재학중에 미국에서 선교 사역을 했고, 지금은 한국에서 회계 관련 회사를 경영하고 있습니다.

둘째의 아들도 아버지의 길을 그대로 밟아 군대를 다녀온 다음 대전선교부 소속으로 선교 사역을 훌륭하게 해냈습니다. 서울공대를 마친 이 손자는 현재 미국 펜실베이니아대학(유펜) 대학원 박사과정을 다니고 있습니다. 로봇 공학을 전공하는데, 박사 논문을 준비하는 연구과제가 유펜의 최우수상을 받았다고 하니 대견합니다.

이렇듯 제 자녀들이 국민의 한 사람으로서, 또 교회의 성도로서 모범을 보여온 것에 대해 자랑스럽게 생각합니다.

젊은 날, 선교사로서 가족을 떠나 낯선 지역에서 사회 곳곳을 직접 살펴보는 일은 평생의 자산이 될 것입니다. 또한 아주 최소한의 비용으로 생활하면서 스스로 어려운 일을 직접 겪어본다는 사실도 두고두고 의미 있는 시간이 되리라 생각합니다.

성도로서 대를 이어 반듯하게 성장해준 손주들이 고맙고 감사할 따름입니다. 하나님께서도 이들에게 축복을 내려주실 것이라고 믿습니다.

두려운 날이 오기 전에

심판의 날이 이르기 전에 잘 준비하고
새로운 목표와 고결한 이상과 태도를 지니고 살도록 인도하고 있습니다.

우리는 변화하는 세상에 살며 많은 유혹에 에워싸여 있습니다. 우리는 주를 섬기며 우리가 가야 할 길을 가야 합니다.

하나님과 예수그리스도께서 말일에 예언자 조셉 스미스를 택하시어 그에게 직접 말씀하여주시고 주님의 교회를 회복해주신 사실은 위대한 것입니다. 이 역사적 사실은 우주를 변화시켜 놓고 있습니다.

복음의 회복으로 작은 일에 충실하고 의에 굶주린 자가 기쁨과 확신을 얻게 되었으며, 사회의 기본이 되는 가정을 굳건하게 해주셨습니다. 청소년과 젊은이들은 의롭고 정직하고 용기 있는 일꾼으로 만들어주었습니다. 킴볼 대관장님 말씀 중에서 몇 가지를 인용해 소개합니다.

우리가 살고 있는 이 시대는 아주 중요한 시기입니다. 멀리 앞을 내다보며 살아야 하는 경륜의 시대입니다. 먼 곳에 목표를 정하고 걷는 사람이 올바르게 걸을 수 있습니다.

우리가 확신할 수 있는 두 가지 사실이 있으니, 그중 하나는 주님을 섬기는 일은 결코 헛되지 않다는 것입니다. 또 하나는 심판의 날은 의인이나 악인 모두에게 온다는 것입니다. 여름이 가면 가을이 오듯이 심판의 날은 오고야 맙니다.

세상에 살고 있는 사람은 누구나 자신의 행위대로 심판을 받게 되어 지상생활의 행위에 따라 보상을 받거나 벌을 받게 됩니다.

이 세상은 선과 악이 공존합니다. 악한 사탄의 무리가 좋은 옷과 아름다운 모습으로 보일 때도 있습니다. 죄를 합리화하기도 하고 양의 탈을 쓰기도 합니다. 우리는 주님의 영을 지녀 선악을 판별해야 합니다.

"예수께서 그들 앞에 또 비유를 베풀어 가라사대, 천국은 좋은 씨를 제 밭에 뿌린 사람과 같으니 사람들이 잘 때에 그 원수가 와서 곡식 가운데 가라지를 덧뿌리고 갔더니 싹이 나고 결실할 때에 가라지도 보이거늘 집

주인의 종들이 와서 말하되, 주여, 밭에 좋은 씨를 심지 아니하였나이까? 그러면 가라지가 어디서 생겼나이까? 주인이 가로되, 가만두어라, 원수가 이렇게 하였구나. 종들이 말하되, 그러면 우리가 가서 이것을 뽑기를 원하시나이까? 주인이 가로되, 가만두어라. 가라지를 뽑다가 곡식까지 뽑을까 염려하느니라. 둘 다 추수 때까지 자라게 두어라. 추수 때에 내가 추수꾼들에게 말하기를 가라지는 먼저 거두어 불사르게 단으로 묶고 곡식은 모아 내 곳간에 넣으라 하리라." (마태복음 13:24~30)

주님의 이 말씀은 하루하루의 결산이 매일 이루어지는 것이 아니라 추수할 때 이루어지니, 즉 심판의 날이 이르기 전에 잘 준비하고 새로운 목표와 고결한 이상과 태도를 지니고 살도록 인도하고 있습니다.

킴볼 대관장님은 하나님의 말씀을 전해주시는 예언자입니다. 대관장님은 1973년 3월 8일 손수 아시아 대륙에서 최초로 시온의 서울 스테이크를 세워주셨습니다. 그 후로 이 땅은 많은 축복을 받았습니다. 진심으로 하나님께 감사를 드립니다. 진실로 이 땅은 위대하고 영화로운 땅입니다.

주께서 이 땅을 어느 곳보다도 으뜸이 되게 하여주시기를 바랍니다. 슬프게도 한때 피 흘린 과거가 있었지만 우리 모두 주님을 열심히 섬겨 영화롭고 화평한 미래가 되도록 하여야겠습니다.

  이 땅이 시온이 되게 하여주시고 주님의 집인 거룩한 성전이 서게 하시어 영원토록 번성하게 해주시기를 예수그리스도의 이름으로 간구합니다. 아멘.

가장 아름다운 추억

영적인 기억은 우리 가족 모두의 마음속에 남아 있습니다.

필자가 어언 아흔 해를 살았습니다. 젊은이들이 볼 때 짧지 않은 세월일 것입니다. 아마도 '나에게도 과연 그런 나이가 올까?' 하는 생각이 들 만큼 멀고 먼 날로 느껴질 것입니다.

아흔 해라는 긴 인생여정 속에서 가장 아름다운 추억은 무엇이었느냐고 묻는다면 나는 가족과 보낸 영적인 시간들이라고 얘기해주고 싶습니다.

아이들의 청소년 시절, 일주일에 최소한 하루 저녁을 잡아서 가족이 모여 하나님 말씀이 있는 성경과 책을 읽고 이야기하며 찬송하고 기도하는 시간을 가졌습니다. 그 시간에는 방안에 주님의 영이 가득하였고, 거기에는 한없는 평화가 있었습니다. 주님 사랑이 우리 가족을 감싸고 있다는 느낌이었습니다.

　무릎 위에 앉아 있던 막내딸이 작은 손을 모아 기도할 때 하늘에서 더 큰 손이 우리 가족을 품어주고 있다는 영감을 받으며 아이의 기도하는 손이야말로 이 세상에서 가장 아름다운 모습이 아닌가 하는 생각이 들었습니다.

　세월은 겉으로 보이는 모든 것을 변화시키며 지나갔습니다. 그러나 영적인 기억은 우리 가족 모두의 마음속에 남아 있습니다. 이제는 내 자녀들이 부모 곁을 떠나 제각각 가정을 꾸리고 살고 있습니다. 그들이 어렸을 적에 부모와 함께한 아름다운 추억은 어른이 되어서도 그들 마음에 남아 있을 것이고, 그들 자녀에게도 우리가 한 대로 이런 아름다운 기도를 이어가고 있을 것입니다.

　손주들이 태어났을 때, 이 금쪽같은 소중한 생명을 위하여 내가 해줄 수 있는 것은 무엇이든지 해주고 싶은 심정이었습니다. 주변의 다른 사람들처럼 어떤 옷을 사주어야 하나, 어떤 유모차를 선물할까, 어떤 맛있는 것을 사주면 좋을까를 고민해 보았습니다.

  그러다가 그같은 물질적인 것보다도 우선하여 하나님 아버지께 이 아이의 이름을 올리고 축복을 간구하는 유아 명명과 축복을 준비해야겠다는 생각이 떠올랐습니다. 그래서 온 마음을 다해 기도하였습니다.

  제 육신의 아이, 그러나 당신의 영의 자녀이기도 한 이 아이가 이 거친 세상을 살아가면서 그가 어디에 가든지 당신이 굽어 살펴주소서. 그래서 언제나 당신을 향하는 마음을 갖게 하소서. 그의 언어가 당신을 찬양하게 하며 그의 노래가 당신을 찬송하게 하소서.

  세상의 잘못된 지식에 흔들리지 않게 하시며 무지에서 벗어나서 하나님의 지혜를 이 아이에게 주시옵소서. 육신의 판단이 잘못되게 하지 마시고 잘못된 길을 가더라도 당신의 자비로 이 아이를 바른길로 인도하게 하소서.

  이 아이의 마음속에 당신의 빛이 언제나 같이하셔서 당신의 영원한 별을 찾아가게 하소서. 세상적인 근심으로 육신이 어둠으로 덮여 있을 때 이 긴 그림자를 거두어주소서. 이 아이가 당신 진리의 씨앗이 되어 세상의 필요한 곳에 꽃으로 피어나게 하시고 어려운 이웃을 돕게 하소서. 마음속에 세상적인 생각이 당신의 영을 밀어내지 않게 하소서. 그래서 언제나 당신 사랑의 품안에서 평안을 누리게 하소서. 아멘.

　지금은 필자의 어린 시절처럼 한국전쟁의 후유증으로 끼니를 걱정하고 아이들 안전을 염려하던 시대는 아닙니다. 그러나 그 어느 때보다도 사탄이 준동하고 있는 악한 시대에 살고 있는 것 또한 사실입니다.
　우리는 영적인 고갈에 시달리고 있습니다. 육체를 위한 양식 대신에 영적인 양식을 걱정해야 하는 시기입니다.
　필자는 침례를 받고 일일이 말할 수 없는 많은 축복을 받았습니다. 필자는 내 아이들을 위하여 이 침례를 행하면서 아버지로서, 그리고 신권을 가진 형제로서 나의 후손들 위에 나의 신권이 세세 영원무궁토록 이들에게 전하여진다는 점에서 기쁨의 전율을 느꼈습니다.

정직과 회개

회개는 어렵고 내면의 고통이 따르지만 그 길 끝에는
하나님의 용서가 기다리고 있습니다.

우리는 모두 영원하신 하나님 가족의 일원입니다. 우리는 영(靈)의 자녀입니다.

우리는 예수그리스도의 속죄를 통하여 불멸의 상태로 승화되고, 계명을 지키며 복음의 의식에 순종함으로써 영원한 삶을 얻을 수 있으리라는 약속을 받았습니다.

영원한 삶이란 영원하신 하나님께서 살아가는 것과 같은 삶을 말하는 것입니다. 영생은 하나님의 삶이며, 하나님의 삶은 영생입니다.

하나님 아버지께서 하신 참으로 위대한 일은 창조입니다. 그분께서 우리를 인간으로 만드셨고 그분 가족의 일원으로 태어나게 해주셨으며 그분의 능력에 의해 지상의 모든 것들이 존재하게 되었습니다.

그리스도의 위대한 사업은 구원입니다. 그분의 대속 희생으로 모든 사람들이 불멸의 상태를 얻게 되었고, 믿음으로 모든 복음의 법을 순종하는 사람은 영생으로 나아가게 됩니다.

그러므로 우리에게 중요한 일은 복음을 믿고 계명을 지키며 완전하고 영원한 가족 단위를 창조하는 것입니다. 말일성도들은 할 수 있는 한 최선을 다하며 자신의 일을 완전에 가깝도록 하려고 노력하고 있습니다.

가족 단위는 현세에서나 내세에서 가장 중요한 조직입니다. 일생 동안 다른 무엇보다도 가족들에 대하여 성의와 관심을 기울여야 합니다. 모든 중요한 결정은 가족에게 주는 영향을 먼저 고려하고 그것을 기준으로 내려져야 할 것입니다. 그리스도의 완전한 복음 안에서 가족의 완전함과 창조 이상으로 중요한 것은 없습니다.

필자가 서울스테이크장으로 일할 즈음, 교회 총회를 다녀왔습니다. 그때 존경하는 스펜서 W. 킴볼 대관장님께서 전 세계 성도들에게 '정직하라. 순결하라. 탐내지 말라. 거짓을 합리화하지 말라'라는 메시지와 함께 정직한 삶을 강조하셨습니다. 남편은 정직하고 아내는 순종하며, 부모는 자녀에게 모범이 되도록 노력하라는 말씀이었습니다.

안식일을 거룩히 지키고 계명을 지키며 영적인 생활을 지속하라는 권고는 단순한 도덕적 가르침이 아니라 구원에 이르는 길을 비추는 영적 나침반입니다.

니파이후서에서 니파이는 리아호나라는 신성한 방향지침을 따라 광야의 여정을 걸었습니다. 이 나침반은 신앙과 열의에 따라 움직이는 도구였으며, 니파이와 그의 가족이 좁고 곧은 길에서 벗어나지 않도록 인도했습니다.

오늘날 우리에게도 그와 같은 방향구(方向球)가 있습니다. 그것은 바로 양심이며 진리입니다. 양심은 조용하지만 확실한 음성으로 우리에게 이렇게 말합니다.

"이것이 길이니 너는 이 길을 가라."(이사야 30:21)

우리는 유혹 앞에서 두 갈래의 길을 마주합니다. 하나는 진실하게 회개하고 깨끗이 씻는 길이고, 다른 하나는 죄를 합리화하며 덮어버리는 길입니다. 회개는 어렵고 길며 내면의 고통이 따르지만 그 길 끝에는 하나님의 용서가 기다리고 있습니다. 이와 반대로 합리화는 쉽고 고통이 없으나 양심을 죽이고 죄에 무감각해지는 위험한 함정입니다.

우리가 계명에 순종하고 복음의 의식에 충실할 때 영원한 삶, 곧 하나님께서 사시는 방식의 삶을 얻게 됩니다.

"영생은 하나님의 삶이며, 하나님의 삶은 곧 영생이다."(교리와 성약 14:7)

우리는 지금 마지막 날에 살고 있습니다. 이 시대에 필요한 가장 큰 일은 신앙으로 나아가는 정직한 삶, 그리고 영원한 가족을 준비하는 거룩한 삶입니다. 우리 모두가 이 위대한 구원의 계획 속에서 참된 정직과 회개, 사랑과 순종, 인내와 믿음으로 하나님의 완전하신 가족 안에 속하게 되기를 기도합니다.

삶의 뿌리

하나님을 내세워 정직을 맹세하는 이는 바르게 살지 않은 사람입니다.

한 사람에게 가장 중요하며 기본이 되어야 할 덕목은 무엇일까? 그것은 '정직(正直)'입니다.

정직은 단순히 한 개인의 성품을 뜻하는 게 아니라 하늘이 사람에게 부여한 가장 고귀한 권세입니다. 영국의 시인 알렉산더 포프는 "정직한 자는 신이 만든 가장 고결한 작품"이라고 했지요.

그렇습니다. 정직이란 단지 윤리적 가치로 그치는 것이 아닙니다. 그것은 모든 인격의 근본이며, 사람됨의 기준이자 출발점입니다. 또한 정직은 자기 자신을 성찰하는 시작점이 되며, 인생을 더 깊고 넓게 살아가기 위한 지혜이자 용기가 됩니다.

필자의 할아버님께서는 자손들에게 정직을 강조하셨습니다. 말씀으로만 그러신 게 아니라 몸소 모범으로 보이셨지요. 이웃 사람들은 물론 집에서 일하는 일꾼에게도 헛된 말씀을 하시지 않았고, 약속하신 말씀은 반드시 지키셨습니다.

　농촌의 자연도 정직을 가르쳐줍니다. 봄에 씨앗을 뿌릴 때 좋은 종자를 정성스럽게 뿌려놓고 거름과 물을 주면 샛노란 새싹이 땅에서 솟아오릅니다. 하지만 씨 뿌리는 시기를 놓치거나 좋지 않은 씨를 심고, 물도 제때 주지 않으면 새싹이 나오지 않거니와 나와도 곧 말라죽거나 잘 자라지도 않습니다. 설령 살아난다 하여도 좋은 열매를 맺지 못하게 됩니다.

　이러한 자연 현상을 보고 자란 나는 할아버님의 교훈에 더하여 정직하게 사는 방법을 깨달으려 했고, 그것을 내 인생의 키잡이로 삼고 자랐습니다.

　주님께서는 우리들에게 정직하게 사는 데 필요한 지침을 주셨습니다. "하늘을 두고도, 땅을 두고도 맹세하지 말라" 하고 하셨습니다. 하나님을 내세워 정직을 맹세하는 이는 바르게 살지 않은 사람입니다. 바르고 정직하게 사는 사람은 맹세할 필요가 없고, 정직하지 않은 이는 맹세하더라도 믿을 수가 없는 것입니다.

예수님의 산상수훈 중에 이런 말씀이 있습니다.

"너희는 세상의 빛이라 산 위에 있는 동네가 숨겨지지 못할 것이요, 사람이 등불을 켜서 말 아래에 두지 아니하고 등경 위에 두나니 이러므로 집안 모든 사람에게 비치느니라. 이같이 너희 빛이 사람 앞에 비치게 하여 그들로 너희 착한 행실을 보고 하늘에 계신 너의 아버지께 영광을 돌리게 하라."

주님의 말씀대로 선한 영향력으로 세상을 밝히는 삶을 살려면 정직한 마음을 지녀야 합니다.

예로부터 '익자삼우(益者三友)'라는 가르침이 있습니다. 나에게 유익이 되는 세 가지 친구들 말하는데, 첫째가 정직한 벗, 둘째 신의가 있는 벗, 셋째 지식이 많은 벗을 말합니다. 좋은 친구로서 정직한 벗을 첫 번째로 꼽은 것은 정직이 얼마나 중요한 덕목인가를 말해줍니다.

"정직은 최선의 정책이다"라는 말이 있습니다. 세상을 살아가는 데 가장 좋은 방법이 바로 정직이라는 것입니다. 정직은 평안하게 합니다. 거짓으로부터 오는 두려움이 없기 때문입니다.

자립의 복음

자립을 이룬 사람은 더이상 도움을 기다리는 위치에 있지 않고,
어려운 이웃에게 손을 내밀 수 있는 사람이 되는 것입니다.

자립(自立)은 단지 자신의 삶을 책임지고 경제적으로 홀로 선다는 의미에 그치지 않습니다. 특히 신앙적 의미에서의 자립이란 자신을 책임지고 타인을 돕고자 손을 내밀 수 있는 준비가 되어 있는 상태를 말합니다. 그러므로 자립은 곧 믿음의 실천이며 신앙의 열매와 같습니다.

교회는 자립을 세속적인 독립으로 가르치지 않습니다. 자립은 영적 능력으로서 이를 통하여 하나님의 도구로써 쓰임 받을 준비가 된 상태를 의미합니다.

그래서 우리 교회에서는 '자립 지원 프로그램'(12주간)을 운영하여 개인

과 가족이 영적, 경제적, 사회적 자립을 이룰 수 있도록 돕고 있습니다.

이 프로그램은 네 가지 목적으로 운영됩니다.
첫째, 하나님을 신뢰하며 자신의 삶을 책임지는 법을 배우는 것, 둘째, 경제적 어려움에서 벗어나 안정과 봉사의 기회를 얻는 것, 셋째, 가족과 공동체에 긍정적인 영향을 끼치는 삶을 사는 것, 그리고 마지막으로 영적인 성장을 통해 참된 자유를 경험하는 데 있습니다.

다시 한번 말씀드리지만, 자립은 결코 개인의 성장에 머무는 것이 아닙니다. 가정을 화목하게 하고, 이웃을 돕는 손길로 확장되며, 지역사회의 봉사자로 나아가는 길이 될 때 진정한 자립이 됩니다. 신앙적 의미의 자립을 이룬 사람은 더이상 도움을 기다리는 위치에 있지 않고, 어려운 이웃에게 손을 내밀 수 있는 사람이 되는 것입니다.
예수님께서는 이렇게 말씀하셨습니다.
"무엇이든지 너희가 남에게 대접을 받고자 하는 대로 너희도 남을 대접하라."(마태복음 7:12)
자립의 삶은 이 말씀을 실천하는 첫걸음이 되는 것이지요.

복음적 의미에서의 자립이란 하나님의 계명이요 축복의 원리라는 사실을 깨달아야 합니다. 근검 절제, 저축, 재정 안정 등… 사회적인 조건을 충족해 물질적 풍요를 누리는 것을 넘어서서 영적 성숙으로 이어지는 것이 교회에서 말하는 자립인 것입니다. 그래서 필자는 자립을 신앙의 열매라고 말합니다.

교리와 성약 81편 5절의 말씀입니다.
"병든 자를 돌보며, 가난한 자를 구제하고, 슬퍼하는 자를 위로하라. 이것이 네 일이니라."
이 일이 바로 자립으로부터 시작되는 것입니다.
자립한 사람은 다시 자립을 돕는 사람이 됩니다. 이것이 자립의 복음이며, 이러한 삶이 바로 주님의 방식입니다.

이웃 사랑이
희망이다

**우리가 그분을 따르는 제자라면 세상의 상처와 마주할 용기,
그 앞에서 무릎 꿇을 수 있는 겸손을 갖추어야 합니다.**

앞에서 말한 것과 같이 자립은 하나님의 도구로써 쓰임 받을 준비가 된 상태입니다. 그래서 자립은 믿음의 실천이며 신앙의 열매와 같은 것입니다.

기독교는 이론의 종교가 아닙니다. 그리스도께서는 성전에서만 머무르지 않으셨다는 것을 기억하실 것입니다. 오히려 성전 밖에서 많은 사람들을 만나셨습니다.

우리가 예수님의 이름으로 찬양하고 예수님 말씀으로 설교하며 예수님 복음으로 전도하지만 그것이 전부는 아닙니다. 예수님께서 성전 바깥에서 누구와 함께하셨던가를 잊는다면 우리는 그분을 온전히 따르는 것

이 아니라는 것이지요.

예수님께서는 스스로 가장 낮은 자리로 오셨습니다. 병들고 버림받은 이들 곁에서 지상 성역을 시작하셨고 끝까지 함께하셨습니다. 병자를 낫게 하시고 세리와 창기의 친구가 되셨으며, 고아와 과부의 눈물을 닦아주셨습니다. 십자가의 길에 이르기까지 한결같이 낮은 곳에 임하셨습니다.

그리고 선한 사마리아인을 비유로 들어 우리 '이웃'의 개념을 근본적으로 확장하셨습니다. 혈연과 민족, 종교의 구분 없이 도움을 필요로 하는 모든 사람이 우리의 '이웃'임을 가르쳐주셨습니다.

"너희가 여기 내 형제 중에 지극히 작은 자 하나에게 한 것이 곧 내게 한 것이니라."(마태복음 25:40)라고 하신 말씀은 그리스도의 마음인 것입니다.

따라서 가난하고 병든 이웃을 향한 우리의 사랑과 실천은 곧 그리스도를 향한 사랑이며 예배가 되는 것입니다.

참된 신앙은 늘 두 팔을 벌리고 두 발로 나아가며, 두 눈으로 우는 자를 바라보는 실천적 사랑입니다. "행함이 없는 믿음은 죽은 믿음이라."라고

말씀했습니다.(야고보서 2:26)

우리가 믿는 예수는 우리를 위해 고통받으신 하나님입니다. 그러므로 우리가 그분을 따르는 제자라면 세상의 상처와 마주할 용기, 그 앞에서 무릎 꿇을 수 있는 겸손을 갖추어야 합니다.

말일성도 예수그리스도 교회는 '봉사의 교회'로 부름받았습니다. "믿음, 소망, 사랑, 이 세 가지는 항상 있을 것인데 그 중에 제일은 사랑이라."(고린도전서 13:13)

가난하고 아픈 이웃은 사랑으로 회복되어야 할 이웃입니다. 이들을 향한 우리의 태도가 바로 하나님을 향한 태도이며, 우리 신앙의 척도입니다. 참된 신앙은 이웃을 통해 시험받고 사랑을 통해 완성된다고 하겠습니다.

우리 사회는 디지털 시대를 넘어 AI시대로 급속하게 변화해가고 있습니다. 고립과 관계 단절, 개인주의가 어디를 향해 가는지 알 수 없는 세상입니다. 이 질주를 멈추게 하여 사랑이 흐르는 사회로 되돌릴 수 있는 것은 신앙인의 몫일지 모르겠습니다. 예수그리스도의 사랑이 이 시대의 희망입니다.

주님께서는 오늘도 우리에게 묻고 계십니다.

"너는 병든 나를 돌보았느냐?"

"굶주린 나에게 떡을 나누었느냐?"

"홀로 울고 있는 이웃의 곁에 앉아 주었느냐?"

이 물음 앞에서 신앙을 고백할 수 있는 사람, 그가 참된 제자입니다.

5부

새로운 시작을 위하여

많은 이들이 회개를 두려워하고 부끄러운 것으로 받아들이지만 그렇지 않습니다. 회개는 하나님과 다시 가까워지는 은혜의 순간이지요. 그리고 하나님의 빛을 다시 받아들임으로써 삶의 방향이 바뀌게 되는 것입니다.

새날이 온다면

우리는 새로운 발걸음을 내디뎌야 합니다. 회개는 미래를 준비하는 길입니다.

살다보면 누구나 크고 작은 실수를 하고 잘못을 범하곤 합니다. 어떤 때는 전혀 의식하지 않았는데도 나의 말과 행동으로 인해 상처를 입는 사람이 있습니다. 남들에게 폐를 끼치지 않고 산다는 일이 생각만큼 쉽지는 않습니다.

그렇지만 확실하게 말할 수 있는 것이 있습니다. 하나님의 사랑은 그 잘못을 감싸주실 만큼 훨씬 크다는 사실입니다. 다만 그 사랑의 은혜를 바란다면 우리가 진심으로 회개해야 한다는 전제가 필요합니다.

요한일서에서 말씀하시듯이, 우리가 죄를 고백하면 하나님은 미쁘시고 의로우셔서 우리 죄를 사하시고 모든 불의에서 깨끗하게 하십니다.

회개는 하나님의 품으로 되돌아가는 신앙의 행위이며, 그 안에서 우리는 용서뿐만 아니라 새로운 출발을 하는 용기를 얻게 됩니다.

필자는 회개가 삶의 한 방식이라는 사실을 경험을 통해서 배웠습니다. 회개는 일회적인 고백이 아니라 자신을 진실하게 마주하는 일입니다. 그 진실함이 하나님과의 관계를 다시 맺는 통로가 됩니다.

많은 이들이 회개를 두려워하고 부끄러운 것으로 받아들이지만 그렇지 않습니다. 회개는 하나님과 다시 가까워지는 은혜의 순간이지요. 그리고 하나님의 빛을 다시 받아들임으로써 삶의 방향이 바뀌게 되는 것입니다.

회개는 자기 부정이 아니라 하나님께서 주신 본래의 나를 회복하는 길입니다.

필자는 신앙생활 속에서 탕자와 같은 사람들을 보았습니다. 하지만 하나님은 언제나 그 자리에 계셨고, 돌아오는 사람을 외면하지 않으셨습니다.

사도행전에서는 이렇게 권면합니다. "그러므로 너희는 회개하고 돌이켜 죄 없이 함을 받아라. 이같이 하면 새롭게 되는 날이 주 앞으로부터 이

를 것이요." (사도행전 3:19)

이 말씀은 살아 있는 약속입니다.

과거의 잘못은 주님께 맡기고, 우리는 새로운 발걸음을 내디뎌야 합니다. 회개는 미래를 준비하는 길입니다.

요한 뉴턴(John Newton, 1725~1807)은 영국의 목사이자 찬송가 작사가로 유명합니다. 그러나 그는 20대 젊은날 아프리카 흑인들을 잡아다 파는 노예무역선 선원으로 일했습니다. 신앙에서 멀어졌을 뿐만 아니라 도덕적으로도 방탕한 삶을 살았지요.

어느 날 노예들을 싣고 대서양을 건너던 중 거친 풍랑을 만나 배가 침몰하는 위기에 빠졌습니다. 죽음을 직감한 그는 어릴 적 어머니에게 들었던 복음을 떠올리며 하나님께 자비를 청했고, 이것이 인생의 전환점이 되었습니다.

이후 몇 년간 노예무역을 계속했지만 점차 마음이 변해 그 일을 그만두고 회개하게 되었습니다. 그리고 41살에 목사 안수를 받고 목회자가 되어 영국의 노예제 폐지 운동에 나섰고, 그가 82세로 세상을 떠나던 해 영국 의회는 노예무역 폐지법을 통과시켰습니다.

그는 세계적으로 가장 사랑받는 찬송가 중 하나인 '어메이징 그레이스

(Amazing Grace)'의 노랫말을 쓴 분입니다.

"놀라운 은혜! 얼마나 달콤한 소리인가, 나 같은 비천한 자를 구원하셨네. 나 한때 길을 잃었으나 이제는 찾았고, 눈멀었으나 이제는 보게 되었네."

죄인의 눈을 뜨게 하고 새로운 길로 이끌어주신 하나님 은혜를 증언하는 노랫말이었던 것입니다.

그의 묘비명에는 "한때 불신자이자 방탕한 자였으나 주 예수그리스도의 풍성한 자비로 용서받고 사역자가 되었다."라고 쓰여 있답니다.

우리 모두 회개의 은혜를 통해 하나님께 더 가까이 나아가기를 소망합니다. 하나님은 우리를 기다리고 계십니다. 새날은 이미 준비되어 있습니다.

가장 작은 사람

주님께서는 우리가 멀리하고 외면하려는 사람들을 가장 먼저 찾아가셨습니다.

우리는 하나님을 높고 위대한 곳에서 찾으려 합니다. 눈부신 성전의 천장에서, 깊은 철학의 사색 속에서, 또는 교리의 문장 속에서 하나님을 만나려고 합니다. 하지만 예수 그리스도께서는 우리에게 전혀 다른 곳을 말씀하셨습니다.

"너희가 여기 내 형제 중에 지극히 작은 자 하나에게 한 것이 곧 내게 한 것이니라."(마태복음 25:40)

주님께서는 가장 낮은 곳에 오셨고, 가장 작은 자들 속에 머무셨습니다. 그분의 지상 성역은 병들고 버림받은 이들 곁에서 시작되었고, 끝까지 그들과 함께하셨습니다. 따라서 우리 주위의 가난하고 병든 이웃을 향한 우리의 사랑과 실천이 곧 예수 그리스도를 향한 사랑이요 예배인 것입니다.

주님께서는 우리가 멀리하고 외면하려는 사람들을 가장 먼저 찾아가셨습니다. 병자와 장애인, 노숙인, 사회 약자들… 고통받는 이웃들의 손을 먼저 잡아주셨습니다. 주님께서는 성전에서만 머무르지 않으시고 오히려 성전 바깥의 지극히 작은 이들 곁에 머무르셨습니다.

말일성도 예수그리스도 교회는 '봉사의 교회'로 부름받았습니다. 교리와 성약 81편 5절에는 우리가 해야 할 바를 이렇게 말씀하셨습니다.
"병든 자를 돌보며, 가난한 자를 구제하고, 슬퍼하는 자를 위로하라. 이것이 네 일이니라."
주님께서 우리에게 원하시는 바를 자세히 가르쳐주셨습니다.

가난한 자를 돕는 일은 단지 선행이 아닙니다. 그 일은 우리가 하나님의 본성에 참여하는 일입니다. 또 이를 통하여 우리가 구원을 받는 것입니다. 약자의 손을 잡는 일은 하나님의 손에 우리의 손을 포개는 것과 같습니다. 가난한 자의 손을 잡는 일은 하나님의 손을 잡는 일인 것입니다.

우리는 예수님의 이름으로 찬양하고 예수님의 말씀으로 설교하며 예수님의 복음으로 전도하지만, 정작 그분께서 누구와 함께하였는가를 잊어서는 안 됩니다. 그분을 따르려면 그분과 같이 세상의 낮은 곳에 있는 이웃에게 다가가야 합니다.

참된 신앙은 두 팔을 벌리고 두 발로 나아가며, 두 눈으로 우는 자를 바라보는 실천적인 사랑입니다.

"행함이 없는 믿음은 죽은 믿음이라."(야보고서 2:26)라고 하였습니다.

우리가 따르고자 하는 그분은 우리를 위해 고통 받으신 예수 그리스도입니다. 그러므로 그분을 따르는 제자라면 가난하고 아픈 이들의 상처를 마주할 자세를 갖추어야 하겠습니다. 그리스도의 사랑을 실천하려는 마음으로 살아야 하겠습니다.

예수님께서는 우리에게 이렇게 말씀하십니다.

"내가 굶주렸을 때 너희가 먹을 것을 주었고, 병들었을 때 돌보았으며, 감옥에 있을 때 찾아주었다."

그러나 제자들은 되묻습니다.

"주여, 우리가 언제 주님을 그렇게 돌보았습니까?"
그러자 주님께서 말씀하십니다.
"지극히 작은 자 하나에게 한 것이 곧 내게 한 것이니라."

사랑의 도구

의사로서, 교회 지도자로서 살아온 것은 두 갈래 길이 아니라 하나의 길이었습니다.

필자는 고교시절부터 사람을 살리는 길을 가겠다고 마음먹었습니다. 그리고 뜻한 대로 치과대학에서 공부하고 평생 치과의사로서 살았는데 이는 단순한 직업이 아니라 하나님께서 맡기신 '사람을 위한 봉사'라는 소명이라고 믿었습니다. 내가 가진 지식과 기술이 이웃에게 빛과 소금이 될 수 있다면 그것이 곧 주님을 따르는 삶이라 믿었습니다.

병원에서 했던 가장 값진 일은 병을 고치는 일보다 마음을 치유하는 일이었을지도 모릅니다. 치료 후 환자의 고통을 덜어주었을 때 주님의 영광이 나를 통해 전해졌음을 느낄 수 있었습니다. 그럴 때마다 나의 의술은 하나님의 은사였고, 그 은사를 나눌 수 있음에 감사했습니다.

병원 밖에서도 필자는 주님의 일꾼으로 살았습니다. 우리 교회의 부름을 받아 지부장, 서울스테이크장, 지역대표와 같은 직분을 맡아 여러 교회를 찾아다니며 형제자매들을 섬기는 일을 오랫동안 했었습니다.

의사로서, 교회 지도자로서 살아온 것은 두 갈래 길이 아니라 하나의 길이었습니다. 하나의 믿음과 하나의 소명이 나의 삶에 자연스럽게 녹아 있었던 것입니다. 우리가 예수 그리스도의 제자라면 자신의 직업과 신앙은 모두 이웃을 향한 사랑의 도구가 되어야 한다는 것을 깨달을 수 있었습니다. 누군가의 통증을 덜어주는 일도 그리스도의 사랑 안에서는 선교의 연장이었습니다.

사랑은 입으로 말하는 것이 아니라 행동으로 증명되어야 합니다. 그리고 그 사랑은 대가를 바라지 않습니다. 내가 한 봉사는 사실 하나님께서 나에게 베풀어주신 은혜에 비하면 지극히 작은 일입니다.

어느 날, 노부부가 병원을 찾아왔습니다. 경제적으로 어려운 형편이었고 진료 받는 것조차 망설이는 모습이었습니다. 진료를 다 마치고 치료

비를 받지 않았습니다. 그리고 그분들 손을 잡고 말했습니다. "이것은 주님께서 두 분을 사랑하신다는 표시입니다. 그 사랑을 기억해주시면 됩니다."

그분들은 눈물을 보였고, 필자는 그 눈물 속에서 주님의 임재를 보았습니다. 그날 다시 한번 확신했습니다. 의술은 곧 인술이며, 그 인술은 곧 복음이라는 사실을 말입니다.

성경은 이렇게 말씀합니다.
"네 손이 하는 모든 일에 네 하나님 여호와께서 네게 복을 주시리니…"
(신명기 15:10)

살아오면서 나는 늘 부족한 사람이라고 생각해왔습니다. 교회와 의료계에서 과분하게 존경을 받고 있다는 것은 알고 있지만 나는 아무 흠이 없는 사람이라고 생각하지는 않았습니다.

하지만 나의 손이 하나님의 축복을 나누는 통로가 되기를 늘 기도하였습니다. 치유는 의사의 손에서 시작되지만 온전한 회복은 주님께로부터 온다는 것을 기억했습니다.

나는 진료실에서 항상 기도를 올립니다.

"주님, 오늘도 저를 통하여 한 사람을 위로하게 하시고, 한 영혼에게 주님의 사랑을 전하게 하옵소서."

이것이 나의 간증이고 나의 사명이며 나의 기쁨입니다.

목자의 눈

**신앙은 실제로 손과 발을 움직여 실천해야 하고
눈물 흘리는 이에게 손수건을 내미는 마음으로 행해야 합니다.**

몰몬경에서는 신자들 간의 나눔과 돌봄을 강조합니다. 침례 후 하나님의 백성으로 살아가기 위한 약속을 적은 모사이야서(18장 8~9절)에서는 이상적인 신앙 공동체의 모습을 이렇게 그리고 있지요.

그 내용을 요약하면, "그들은 서로의 짐을 기꺼이 함께 지었고, 슬퍼하는 자와 함께 슬퍼하며, 위로가 필요한 자를 위로하고, 또 무슨 일에나 하나님을 증거하며, 심지어 죽기까지 그렇게 할 것을 언제나 기꺼이 원하는가?"라는 것입니다.

하나님께서는 우리가 병든 자를 돌보고 가난한 자를 구제하며 슬퍼하는 자를 위로하라고 명하셨습니다. 이는 선택의 문제가 아니라 하나님을 믿는 모두에게 당부하신 소명입니다. 그래서 교리와 성약(81:5)에서 "이것이 네 일이니라." 하고 정확하게 짚어 명령하고 계십니다.

신앙은 실제로 손과 발을 움직여 실천해야 하고 눈물 흘리는 이에게 손수건을 내미는 마음으로 행해야 합니다.

맨처음 서울 삼청지부장을 맡았을 때였습니다. 이는 단순히 행정적인 직책이 아니었습니다. 성도들에게 가깝게 다가가서 이들의 눈물을 닦아 주는 사역자였고, 한가족처럼 기뻐하고 함께 무릎 꿇는 중보자였습니다.

한 형제가 직장을 잃고 낙심했을 때 모두가 다같이 걱정하고, 회원들과 함께 그의 가정을 돌보았습니다. 또, 한 자매가 중병으로 병상에 누워 있을 때 우리는 병원에 가서 함께 병자 축복을 드렸습니다. 이러한 순간들이 내가 주님을 가장 가까이서 체험한 시간들이었습니다.

사도 바울의 말씀처럼 "너희가 서로 짐을 지라. 그리하여 그리스도의 법을 성취하라."(갈라디아서 6:2)라는 가르침을 기억하고 이를 따르려 했습니다. 지부장으로 일하면서 성도들의 짐을 나누는 것이야말로 교회의 본질임을 알았습니다. 성도들 개개인의 삶에 주님의 손길이 닿도록 돕는 일, 그것이 나의 사명이자 기쁨이었던 것입니다.

그후 필자는 서울 스테이크장으로 부름을 받았습니다. 이제는 한곳이 아니라 여러 지부와 와드를 돌보며 수백 명 회원들을 두루 살펴야 하는 자리였습니다. 규모가 커져 부담을 가졌으나 근본은 같은 것이라고 여겼습니다. 주님은 여전히 한 사람의 마음에 관심을 가지셨고, 나는 그 마음을 본받아야 했습니다.

각 와드를 방문할 때마다 나는 그 지역의 부족한 점을 묻고 자립이 필요한 가정, 청소년들의 고민, 어르신들의 외로움에 귀를 기울였습니다. 교회의 복지 자원을 단순한 구제가 아니라 회복과 소망의 도구로 쓰이도록 하였습니다.

그후 지역대표로서 더 넓은 지역의 회원들과 지도자들을 격려하고 강화하는 사역을 맡게 되었습니다. 치과의사로서 생업에 충실하는 동시에 더 큰 임무를 맡아 여러 도시와 지역을 찾아가 봉사의 영이 꺼지지 않도록 불을 붙이는 일을 계속했습니다.

서울서 멀리 떨어진 외딴 지방의 작은 교회에 간 적이 있습니다. 열 명 남짓한 회원들이 예배를 드리고 있더군요. 하지만 그들 안에는 흔들리지 않는 신앙과 눈물의 기도가 있었습니다.

　필자는 오히려 그들에게서 배웠습니다. 외롭고 작은 곳에서 신앙으로 하나된 성도들을 바라보면서 "사람은 외모를 보거니와 나 여호와는 중심을 보느니라."(사무엘상 16:7) 하신 말씀을 깊이 깨달았습니다.

　교회 건물의 크고 작음, 회원 수가 많고 적음이 아니라, 그 안에 깃든 정성과 신앙이 교회를 교회답게 한다는 사실을 마음 깊이 새겼던 순간입니다.

　필자가 돌본 회원들의 이름은 아직도 제 마음속에 남아 있습니다. 필자가 교회에서 지부장, 스테이크장, 지역대표라는 직책보다 더 중요하게 여기는 것은 교회 회원 한 사람, 한 사람의 마음을 살피는 목자의 눈이었습니다.

　오늘도 나는 누군가의 이름을 떠올리며 기도를 올립니다. 이것이 내가 주님을 사랑한다는 증거이며 나의 평생 사명으로 알고 살아갑니다.

산청(山淸) ―
마음의 회복

산을 맑게 하는 삶은 곧 자신의 내면을 정결하게 가꾸는 일이기도 합니다.

필자는 '산을 맑게, 물을 맑게, 사람을 맑게'라는 취지의 삼청(三淸)운동을 창립해 이를 국가적인 정화운동으로 확대한 적이 있습니다. 지금은 이 삼청운동중앙협의회를 전 백병원 원장이신 최석구 회장께서 맡아서 매월 정기 봉사활동을 이끌고 있습니다.

세 가지 삼청의 뜻을 담은 이 운동은 단순한 환경운동 이상의 철학을 담고 있습니다. 자연과 인간, 그리고 영혼의 정결을 추구하는 목표, 그리고 하나님의 창조 질서를 회복하려는 실천적 신앙 의지까지 내포한 것이었습니다.

삼청운동은 세 가지 '청정'을 지향합니다. 그 첫 번째 산청(山淸)은 '산'을 맑게 한다는 의미입니다. 하지만 산청은 단순히 나무 심기나 산림보존 이상의 뜻을 담고 있지요. 그것은 우리 마음의 거처를 맑게 한다는 것과 같습니다.

산은 창조주의 숨결이 머문 거룩한 장소입니다. 모세는 시내산에서 하나님의 율법을 받았고(출애굽기 19장), 엘리야는 갈멜산에서 하나님의 불을 경험했으며(열왕기상 18장), 예수 그리스도는 변화산 위에서 하느님의 아들로 선포되었습니다(마태복음 17장).

산은 계시의 공간이자 기도처였으며, 마음의 방향을 회복하는 장소였습니다. 예수님은 종종 산에 올라 홀로 기도하셨고(누가복음 6:12), 고난의 전날 밤에는 겟세마네 동산에서 땀방울이 핏방울처럼 되도록 간구하셨습니다.

산청은 신앙의 생태를 회복하는 일입니다. 또한 자연은 인간의 욕망을 충족시키는 자원이 아니라 하나님의 손길이 담긴 질서인 것입니다. 몰몬경 니파이후서에서는 "그분께서는 땅을 창조하셨고, 그 위에 존재하는 모든 것들이 사람의 유익과 배움을 위하여 있도다."(2:14)라고 말씀하십니다.

　인간은 창조된 세계 속에서 배워야 하며 욕망을 절제하며 살아가야 합니다. 따라서 산을 맑게 하는 일은 인간의 욕망을 가라앉히고, 경외심으로 자연을 마주하는 영적 훈련이며 회개의 실천인 것입니다.

　공자는 《논어》에서 "지지자 불여호지자(知之者 不如好之者), 호지자 불여낙지자(好之者 不如樂之者)"라고 하였습니다. "아는 사람은 그것을 좋아하는 사람만 못하고, 좋아하는 사람은 그것을 즐기는 사람만 못하다."라는 말입니다. 단순히 아는 것보다는 마음을 기울여 좋아하는 것이 더 낫고, 그것을 좋아하는 것보다는 진심으로 즐기는 것이 더 낫다는 뜻입니다.
　이는 학문을 하더라도 단순한 지식에 머물지 않고 기쁨을 느끼는 즐김의 단계에 이르면 높은 경지에 이를 수 있다는 의미입니다. 인품으로서 덕(德)을 닦을 때도 이와 같은 것이지요.

　산을 맑게 한다는 것은 우리 마음의 거처를 맑게 하는 것과 같습니다. 산을 맑게 하는 삶은 곧 자신의 내면을 정결하게 가꾸는 일이기도 합니다.
　자연은 감사한 마음으로 받아야 할 선물이며, 동시에 절제하며 사용해야 할 위탁물입니다. 문명의 탐욕을 거두고 감사와 절제의 영성으로 살아가야 할 이유가 여기에 있는 것입니다.

　인간의 탐욕은 숲을 파괴하고 강을 마르게 하지만 감사는 나무를 세우고 생명을 회복시킵니다. 산을 회복하는 일은 곧 마음을 회복하는 일이므로 성도의 삶은 그 두 세계를 동시에 보살피는 길을 가야 합니다.

　조셉 스미스 선지자께서는 하나님의 창조물인 자연을 존중하고 보호하는 삶을 강조하셨습니다. 산을 사랑하는 일은 하나님을 사랑하는 일과 하나입니다. 산을 맑게 하는 손길은 기도의 손이며 숲을 돌보는 마음은 경배의 마음과 같다고 하겠습니다.

수청(水淸) —
생명과 정의의 순환

맑은 물은 맑은 마음과 정의로운 사회, 생명이 흐르는 관계를 상징합니다.

'수청(水淸)'은 물의 정화입니다. 이는 단순한 환경보호를 뜻하지 않습니다. 삶의 질서와 영혼의 흐름을 회복하는 신앙적 의미를 내포하고 있습니다. 깨끗한 물은 정직하고 신뢰받는 사회의 상징이며, 흐르는 물은 멈추지 않는 회개의 실천인 것입니다.

"내가 주는 물을 마시는 자는 영원히 목마르지 아니하리라."(요한복음 4:14) 하는 말씀은 단지 목마름을 해소하는 게 아니라 영혼의 갈망을 채우는 본질적인 치유 선언과 같은 의미입니다.

물은 하나님께서 창조하신 첫 번째 선물 가운데 하나입니다. 창세기에서 "하나님이 궁창 아래의 물과 궁창 위의 물로 나뉘게 하시고, 뭍이 드러나게 하시니 그 이름을 땅이라 칭하시고, 물 모인 곳을 바다라 칭하셨더라. 하나님이 보시기에 좋았더라."(1:6~10)라고 적고 있습니다.

이처럼 물은 창조 질서 그 자체이며 생명의 기원인 것입니다. 그러므로 맑은 물을 지키는 일은 창조주 하나님의 뜻을 보전하는 일이며 하나님 나라의 생태적 기반을 회복하는 일입니다.

예언자 아모스께서는 "오직 정의를 물같이, 공의를 마르지 않는 강같이 흐르게 할지어다."(아모스 5:24)라고 외쳤습니다. 이 말씀은 수청운동의 성경적 선언문과도 같습니다.

맑은 물이란 정의로운 질서를 의미하며, 흐르는 물은 멈추지 않는 생명의 흐름, 정의의 순환을 뜻합니다.

교리와 성약에서도 흐름의 윤리가 강조되고 있습니다.

"권세는 설득과 관용, 오래 참음과 온유함과 무한한 사랑과 친절함으로 유지되어야 하며… 위선이나 속임 없이 마음 깊은 곳에서 흘러나와야 한다."(121:41~42)

이는 리더십, 관계, 공동체 구조 모두가 물처럼 투명하고 물처럼 흘러야 함을 가르치는 말씀입니다.

나파이후서에서 "하나님은 모든 것을 목적으로 창조하셨고, 생명과 지식은 순환되어야 한다. 정체된 것은 존재하지 않으며 정체는 죽음이다."라고 하였습니다. 수청은 살아 있는 복음의 실천이고, 또 생명의 물을 이웃에게 나누는 것은 신앙인의 본분입니다.

물은 높은 곳에서 낮은 곳으로 흐르고, 멈추어 고여 있으면 썩어버립니다. 사회는 낮은 곳을 향한 배려가 있고 막히지 않는 소통의 흐름이 있어야 하는 것입니다.

맑은 물은 맑은 마음과 정의로운 사회, 생명이 흐르는 관계를 상징합니다. 수청운동은 농촌과 재개발지역의 하천과 개울, 도시의 하수구, 폐수처리장과 같이 우리가 외면하고 있던 것들을 다시 들여다보게 합니다.

그 모든 곳이 하나님의 물길이 막힌 자리일 수 있습니다. 우리가 그 물을 다시 흐르게 하고, 맑게 하고, 생명이 흐르도록 돌볼 때 하나님께서는 우리 공동체를 향해 다시 생명의 강물을 부어주실 것입니다.

인청(人淸) —
인간다움의 회복

사람됨은 외적 조건이 아니라 내면의 정직과 사랑에서 출발합니다.

교리와 성약에서는 인간됨과 정결함에 대하여 이렇게 가르쳐주고 있습니다.

"맑은 눈과 밝은 마음을 가진 자는 나의 영광을 보게 될 것이요, 육신의 눈이 가리워진 자는 영적 분별도 잃게 되리라."(88:67)

여기서 맑음이란 하나님 앞에서 드러내는 정직한 마음을 의미합니다. 지혜로운 자는 배우기를 구하고, 성실한 자는 진실을 지키며, 마음이 맑은 자는 주의 계명에 따라 살고자 합니다.

삼청운동의 마지막 '인청(人淸)'은 예절과 품성, 이웃 사랑과 연대, 영혼의 맑음까지 포함하는 전인적인 회복운동을 말합니다.

예수님께서는 산상수훈에서 이렇게 말씀하셨습니다.

"마음이 청결한 자는 복이 있나니 그들이 하나님을 볼 것임이요."(마태복음 5:8)

마음이 정결하다는 것은 도덕적 깨끗함만을 뜻하지 않고, 하나님을 향한 동기와 의도가 순수하며 위선이 없는 마음의 상태를 말합니다. 마음이 정결한 사람은 세속적 욕심이나 자기 영광이 아니라 진리와 사랑을 추구하며 살기 때문에 하나님을 경험하게 되고, 궁극적으로는 하나님의 임재와 영광을 '본다'는 복을 누리게 됩니다.

'인청운동'은 부끄럽지 않은 삶을 사는 정결한 인성을 회복하는 것이고, 하나님 앞에 참된 인간으로 서는 길인 것입니다.

동양 고전인 《예기》에서는 '인의예지(仁義禮智)'로써 인간으로서 갖추어야 할 덕목을 얘기하고 있습니다.

인(仁)은 사람을 불쌍히 여기는 마음, 즉 타인에 대한 자비와 배려를 뜻합니다. 의(義)는 자신의 행위가 옳지 못할 경우 스스로 부끄러움을 느끼며 정의를 실천하려는 마음입니다.

예(禮)는 겸손하고 사양할 줄 아는 예절입니다. 사회적 조화와 질서를 생각하는 행동 규범을 의미합니다. 지(智)는 옳고 그름을 판단할 줄 아는 지혜입니다.

결국 '인의예지'란 단순한 개별적 덕목이 아니라 서로 유기적으로 작용하여 사람다움, 사람으로서의 도리, 사람과의 조화, 바른 판단을 아우르는 윤리를 말합니다. 이상적인 인간상을 만드는 핵심요소로서 인의예지를 강조하고 있는 것입니다.

인청운동은 '인간다움의 회복'이고 '관계의 정화'라고 보면 됩니다. 맑은 사람은 사람과 사람 사이의 관계에서 이해보다 배려를, 승리보다 존중을, 권리보다 책임을 먼저 생각합니다.

필자는 인청운동을 설명할 때 이렇게 이야기했습니다.

"사람의 품격은 옷이 아니라 말이며, 겉모습이 아니라 마음입니다. 사람됨은 외적 조건이 아니라 내면의 정직과 사랑에서 출발합니다."

예의를 갖춘 말, 정직한 마음, 남을 귀하게 여기는 태도, 이것이 맑은 사람이고, 이것이 맑은 사회를 만드는 기초가 됩니다.

믿음의 별자리

우리가 의지해야 할 것은 변하지 않는 기준, 믿음의 별자리입니다.

인생이라는 긴 항해를 할 때 길을 잃지 않게 해주는 별과 같은 존재가 믿음과 가치관입니다.

믿음이란 삶의 닻입니다. 믿음이 없다면 우리는 폭풍에 흔들리는 배처럼 방향을 잃고 위험에 빠지게 됩니다.

예수님께서는 "어린아이와 같이 되지 아니하면 결단코 천국에 들어갈 수 없느니라."(마태복음 18:3)라고 하셨습니다. 어린아이와 같은 순수한 믿음, 그리고 하나님께 온전히 의지하는 마음이 있어야 천국에 들 수 있다는 말씀입니다.

제대로 걷지 못하는 아기는 부모님의 손을 잡고 평온을 얻는 것이지요. 믿음이란 바로 그 손을 잡는 것입니다. 교리와 성약에서도 "하지만 내 제자들은 거룩한 곳에 서리니 흔들리지 아니할 것"(45:32)이라고 하였습니다. 믿음을 지키는 자들이 거룩한 곳에서 흔들림없이 굳건하게 설 것이라는 약속을 담고 있는 것입니다.

니파이께서는 이렇게 말씀했습니다. "나는 길을 알지 못하지만 주께서 명하신 일에는 순종하리라."(니파이전서 4:6) 그는 눈으로 보지 못하였으나 믿음으로 걸어갔습니다. 이것이 신앙의 본질입니다.

세상의 바람은 언제나 방향을 바꿉니다. 우리가 의지해야 할 것은 변하지 않는 기준, 믿음의 별자리이며, 흔들리지 않는 가치관입니다.

공자는 《대학》의 첫 문장을 이렇게 시작하고 있습니다. "대학지도, 재명명덕, 재친민, 재지어지선(大學之道, 在明明德, 在親民, 在止於至善)"이라. "대학의 도는 명명덕에 있고, 친민에 있고, 지선에 있다"라는 뜻입니다.

이를 위해서는 '명명덕(明明德)'이 필요합니다. 명명덕이란 이미 있는 맑은 덕, 즉 하늘로부터 받은 맑고 밝은 마음이 전제되어야 한다는 것이죠. 마음속 양심과 선한 의지를 잊지 않고 그것을 빛나게 하며 다른 사람들에게도 그 빛을 나누는 것이 '명명덕'인 것입니다.

그리고 그 선한 마음을 베풀어 '재친민', 즉 사람들을 새롭게 교화하고 사회를 조화롭게 하는 역할을 해야 합니다. 그런 다음 궁극적으로 가장 높은 선(지선)에 도달하고자 하는 것인데, 이것이 학문을 하여 인생을 올바르게 살아가려고 하는 근본이라고 가르쳐주고 있습니다.

현대인의 많은 문제는 '무엇을 해야 할지 모르는 것'이 아니라 '무엇을 믿어야 할지 모르는 것'에서 시작됩니다. 믿음 위에 행동을 세우는 사람만이 흔들리지 않는 삶을 살아갑니다.

그러므로 우리가 가장 먼저 알아야 할 것은 내가 무엇을 믿고 있는지를 아는 일입니다. 그 믿음이 바로 삶의 뿌리가 되는 것이고, 나아갈 방향을 가리켜주며 안정된 삶의 기둥이 될 것입니다. 그래서 내 인생의 별자리를 찾아서 흔들림 없는 삶을 살기를 바랍니다.

용서는
새 출발이다

"예수께서 이르시되 네게 이르노니 일곱 번뿐 아니라
일흔 번을 일곱 번까지라도 할지니라."

살면서 하기 힘든 일 중에 '용서'가 있습니다. 아마도 순위를 매긴다면 '용서'가 1위쯤 되지 않을까 싶습니다.

용서란 단순하게 상대방의 실수나 잘못을 이해하고 덮어주는 일이 아닙니다. 나에게 상처를 준 사람을 포용하고, 나 역시 그 상처에 더 이상 얽매이지 않겠다고 결심하는 것까지가 진정한 용서입니다. 마음속에 품고 있던 무거운 짐을 내려놓는 일인 것이지요.

용서할 때는 사람과 사람 사이에 유불리를 계산하지 말아야 합니다.

과거의 상처를 아물게 하고 서로의 관계를 회복시키는 일이 본질입니다. 그래서 용서는 미움의 고리를 끊어 마음의 평화를 얻는 일이지요. 상처 이전으로 돌아가 새롭게 출발하는 동기를 만드는 것입니다.

예수 그리스도께서 우리에게 용서에 대하여 거듭 강조하여 가르쳐주신 구절이 있습니다.

"그때에 베드로가 나아와 이르되 주여 형제가 내게 죄를 범하면 몇 번이나 용서하여 주리이까. 일곱 번까지 하오리까. 예수께서 이르시되 네게 이르노니 일곱 번뿐 아니라 일흔 번을 일곱 번까지라도 할지니라."(마태복음 18:21~22)

'일흔 번을 일곱 번'까지 하라는 말씀은 무한히 용서하라는 뜻을 담고 있습니다.

기독교의 용서란 조건 없는 사랑과 자비에서 비롯됩니다. 즉, 그리스도인이라면 끝없는 용서 위에 자신을 세워야 함을 당부하시는 말씀입니다.

그럼에도 불구하고 용서란 참 어려운 일입니다. 상처가 크고 작음을 떠나서 나에게 피해를 준 상대방에게 먼저 손을 내미는 일은 어려운 일입니다. 마음은 굴뚝같아도 실행에 옮기기가 쉽지 않습니다. 자존심이 막아서기도 하고, 사그라들었던 분노가 다시 일어날 때도 있습니다.

그러나 용서를 복잡하게 생각지 마시기 바랍니다. 용서는 상대방을 바꾸려는 게 아니라 나 자신이 안정을 찾고 성숙해지는 과정입니다. 오해나 분노를 내려놓음으로써 내 마음을 치유하는 일이라고 생각하십시오.

내가 행복해지기 위하여, 내 영혼을 가볍게 하기 위하여 용서한다고 생각하면 훨씬 더 편안해집니다. 그리고 이 세상에 완벽한 사람이 없듯이 나 또한 누군가에게 상처를 준 적이 있음을 기억하면서 상대방의 부족함을 이해해주면 쉽게 다가갈 수 있습니다.

사람들은 이런저런 일로 상처를 주거나 받으면서 삽니다. 세상일이 다 내 마음과 같지 않기 때문에 그렇습니다. 그렇다고 가슴속에 온갖 상처를 다 끌어안고 살 수는 없지 않을까요? 그 큰 고통을 안고 어떻게 살아갈 수 있겠습니까.

용서는 쉽지 않은 일이지만 그 길 끝에는 치유와 화해, 행복이 기다리고 있습니다. 오해와 분노, 미움을 내려놓으면 그 순간부터 나의 삶이 더 넓어지고 더 따뜻해지게 됩니다.

나답게 사는 법

누구나 선택하는 '정답'을 찾을 수도 있으나
나 스스로 찾아낸 '나의 답'을 찾는 일이 중요합니다.

돌이켜보면, 인생은 무한한 선택의 연속이더군요. 그것도 '예 또는 아니오'라든가 '흰색 또는 검정색'처럼 양자택일의 선택이 아닙니다. 몇 가지 선택지를 놓고 그가운데 하나를 골라야 하는 일입니다. 그러고 나면 미로찾기를 하듯이 내가 선택한 길을 따라 걸어가는 것입니다.

더욱이 청년 시기에는 선택할 일들이 많습니다. 그만큼 가능성이 많이 열려 있다고 보아야 하겠지요. '이 길이 맞다', '저 길이 좋다'라고 사람마다 보는 눈이 다 다릅니다.

망설이게 되는 순간에 제일 먼저 따져봐야 할 것은 여러 가지 중에서

'가장 나답게 살 수 있는 것'을 고르라고 말씀드립니다. 나의 능력과 장점을 고려해 가장 나답게 사는 길을 가라는 말입니다.

자신만의 가치관을 제대로 정립하도록 하십시오. 누구나 선택하는 '정답'을 찾을 수도 있으나 나 스스로 찾아낸 '나의 답'을 찾는 일이 중요합니다. 자기만의 신념, 흔들리지 않는 가치관으로 꿋꿋하게 살아가십시오. 나답게 사는 것, 이것이야말로 청년에게 주어진 가장 큰 특권이자 가능성인 것입니다.

다윗의 이야기를 해드립니다. 다윗은 어린 시절 목동으로 살며 형제들 사이에서도 가장 작고 보잘것없는 존재였습니다. 하지만 그는 그 누구도 가지지 못한 하나님을 향한 믿음과 담대함을 지녔습니다.
골리앗 앞에서 다윗은 군사들의 갑옷이나 무기를 흉내내지 않았습니다. 대신 평소 자신이 늘 사용하던 물맷돌과 믿음을 가지고 싸웠습니다.(사무엘상 17장) 남을 따라 하지 않고 자신답게 싸웠기에 승리를 얻을 수 있었습니다.
다윗의 삶은 청년들이 스스로 가진 은사와 믿음을 존중하며, 세상의 기준이 아니라 하나님께 받은 모습 그대로 살아가야 함을 보여줍니다.

유치원 아이들도 바쁘다는 말을 달고 사는 세상입니다. 게다가 유치원에도 들어가지 않은 서너 살 아기들이 영어로 공부하고 의대진학반에 들어가 선행학습을 준비한다고 합니다.

과연 성공의 기준은 무엇인가요? 행복한 삶이란 무엇을 말하는 건가요?

결론부터 말씀드리자면, 나를 찾으라는 말부터 드리고 싶습니다. 내가 주인인 삶을 살아야 하지 않겠습니까?

무한경쟁 시대라고 합니다. 하지만 문화가 바뀌고 기술이 진화하고 시대가 바뀌어가고 있습니다. 왜 옛 시대의 잣대를 가지고 현재를 재단하고 있는지 모르겠습니다.

세상은 끊임없이 그럴듯한 성공담을 내세우며 젊은이들을 몰아가고 있습니다. 남들과 비교하면서 더 빨리 달려야 한다고 재촉하고 있습니다.

누구에게나 자신만의 재능이 있습니다. 한 사람의 능력을 한정 지어서 말하는 것 같지만, 각자의 개성과 장점이 존재한다는 사실을 말하는 것입니다. 하나님께서 주신 능력, 나의 존재가치를 잘 알아야 하고, 그 점을 발견해 나의 길을 찾는 일이 중요합니다.

혼돈의 시대, 나답게 사는 길을 꿋꿋하게 걸어가는 청년들이 되세요. 그것이 진정한 승리자가 되는 길입니다.

내일은 내일의 태양이

힘든 날들이 지나고 나면 다시 시작할 수 있는 기회가 옵니다.

명화 〈바람과 함께 사라지다(Gone with the wind)〉가 있습니다. 미국 남북전쟁 당시를 배경으로 만든 1957년 영화입니다. 몇 년 전에 다시 개봉되었을 만큼 예나 지금이나 인기가 대단합니다.

많은 사람들이 이 영화의 마지막 장면을 최고의 신(scene)으로 꼽습니다. 주인공 스칼렛 오하라가 광활한 농장에서 석양을 바라보며 "내일은 내일의 태양이 뜰 거야(Tomorrow is another day)."라고 독백하는 장면입니다. 이 장면도 기억에 남지만 주인공의 독백 또한 잊히지 않습니다. 어쩌면 영어 대사보다도 우리말 번역이 더 가슴에 와닿는 명대사가 아닌가 싶습니다.

'내일은 내일의 태양이 뜬다'라는 말은 오늘의 아픔과 상실이 아무리 크다 해도 우리의 삶은 계속되며 새로운 기회가 다시 찾아올 것이라는 확신이 담겨 있습니다. 인간은 쓰러질 수 있지만 다시 일어서는 존재라는 희망의 선언이기도 합니다.

오하라 가문의 장녀인 주인공이 폐허가 된 농장에서 지난날의 실패를 떨쳐내고 새롭게 출발하겠다는 의지를 보여주는 이 장면은 진한 감동을 주는 명장면입니다.

스칼렛의 말처럼, 오늘이 아무리 절망적인 상황일지라도 내일은 태양이 다시 떠오릅니다. 그것은 자연의 법칙이자 삶의 법칙입니다. 쓰러져도 다시 일어날 수 있다는 의지는 우리가 받은 큰 선물입니다.

우리가 놓쳐서는 안 될 것이 바로 '내일의 태양'입니다. 좌절과 실패가 우리를 막다른 골목으로 내몰고, 그런 상황이 오래도록 이어질 것만 같지만 실제로는 그렇지 않습니다. 모든 고통은 반드시 물러갈 때가 있는 것입니다.

우리는 오늘을 마지막인 것처럼 살아야 하면서도, 동시에 내일을 믿고 희망을 품어야 합니다. 삶은 언제나 바뀌게 되어 있고, 그 변화를 통해 우리는 성장하는 것이지요.

우리는 내일을 맞이할 준비를 해야 합니다. 희망을 품되 희망을 실현할 수 있는 노력을 계속 기울여야 합니다. 비록 작은 걸음이라도 한 걸음 한 걸음 앞으로 내딛을 때 그것이 미래를 바꾸고 어둠을 몰아내는 것입니다.

이 메시지는 청년 세대들에게 더 유효합니다. 미래가 불투명하여 두려움을 떨쳐내지 못하는 청년들은 자칫 '오늘의 실패'가 자신의 모든 것을 결정짓는 건 아닌가 하여 불안해합니다.

그러나 인생은 길고긴 여정입니다. 몇 번의 실수나 좌절이 영원히 나를 붙잡는 것은 아닙니다. 내일은 또다른 기회가 열리는 것이고, 다시 도전할 수 있는 기회가 있는 것입니다. 중요한 것은 다시 일어서려는 의지, 그리고 내일의 태양을 바라보며 앞으로 나아가려는 마음가짐입니다.

실패와 고통은 누구에게나 찾아옵니다. 하지만 힘든 날들이 지나고 나면 다시 시작할 수 있는 기회가 오는 것입니다.

그러므로 오늘 어떠한 아픔을 겪더라도 '내일의 태양'을 기억하십시오. 이는 단순한 위로가 아니라 우리를 다시 일으켜 세울 수 있는 가장 확실한 약속입니다. 내일이 오늘보다 더 나은 하루가 되기를 바랍니다.

내리사랑은 계속된다

**혼자만의 성취는 개인에 그치고 말지만
나눔은 세대를 이어가며 기억되고, 연결됩니다.**

'내리사랑은 있어도 치사랑은 없다'라는 말이 있습니다. 부모나 선배가 자녀나 후배를 사랑하는 일은 있어도 아랫사람이 윗사람을 사랑하기는 힘들다는 뜻을 담은 속담입니다. 여기서 '내리사랑'이란 윗사람이 아랫사람을 아끼거나, 특히 부모가 자녀에게 사랑을 베푸는 것을 말합니다.

젊은 세대라면 이 말의 의미를 실감하지 못할 수도 있습니다. 아직은 자신의 앞가림만으로도 벅차기 때문에 누구를 배려하거나 베풀기가 쉽지 않습니다. 하지만 당장 베풀기는 어려워도 내가 받은 사랑과 도움을 기억하는 것은 중요합니다. 그 기억을 간직하고 있다면 언젠가 그 사랑을 되돌려주는 위치에 설 수 있을 테니까요.

 앞에서 얘기한 것처럼 필자는 평생 장학사업에 심혈을 기울여오고 있습니다. 이는 경제적으로 어려운 학생, 면학의 의지가 충만한 학생들에게 힘이 되어주려고 하는 일이지만, 한편으로는 필자가 예전에 받았던 은혜를 사회에 다시 되돌려준다는 의미도 내포하고 있습니다.
 필자 역시 장학금이 없었더라면 지금과 같이 의사의 길을 걷지 못했을 수도 있습니다. 누군가의 선의가 필자에게 전해진 결과로 한 사람의 인생이 꽃을 피울 수 있었던 것입니다.
 하지만 필자가 장학금을 주신 분에게 되갚을 방도는 없습니다. 혹시 그분에게 감사의 마음을 전할 수 있을지는 몰라도 그 은혜를 갚지는 못합니다. 그래서 필자가 어린 학생들에게 장학금을 주는 것은 그 은혜에 보답하는 길인 것입니다. 이런 것을 '내리사랑'이라고 합니다.

 내리사랑은 결국 우리를 더 큰 사람으로 성장시킵니다. 혼자만의 성취는 개인에 그치고 말지만 나눔은 세대를 이어가며 기억되고, 연결됩니다.
 우리가 남기는 가장 아름다운 발자취는 지위나 재산이 아닙니다. 내가 가진 사랑을 얼마나 베풀며 살았느냐 하는 나눔의 실천에 있습니다.

되돌아보면, 내리사랑의 정신으로 세상을 바꾼 사람들이 많습니다. 자신이 받은 배움을 고스란히 후배들에게 전해준 스승들, 자신의 성공을 사회에 환원해 더 많은 이들에게 성공의 기회를 만들어준 기업가들, 보이지 않는 곳에서 소외된 이웃들을 위해 봉사하며 사회를 지켜온 이웃들, 이들의 사랑은 당장은 두드러져 보이지 않아도 시간이 흐를수록 많은 이들의 삶 속에 꽃을 피웠습니다.

청년이라면 지금 당장 보답할 방법이 거의 없습니다. 중요한 것은 마음의 방향입니다. 내가 받은 도움을 나만의 소유로 삼지 말고, 다시 누군가에게 전하겠다는 마음, 내리사랑을 준비하십시오. 선의를 나누는 마음은 세대에 세대를 이어가며 우리 사회의 아름다운 유산이 될 것입니다.

길을 묻는 젊은이에게

1판1쇄 인쇄 2025년 9월 15일
1판1쇄 발행 2025년 9월 22일

지은이 | 최욱환
펴낸이 | 정태욱
펴낸곳 | 여백

총괄대표 | 김태윤
주간 | 신흥래
편집교정 | 이우리 김미선
디자인 | 윤삼현

등록 | 2019년 11월 25일(제2019-000265호)
주소 | 경기도 고양시 덕양구 삼원로 73
      한일윈스타지식산업센터 1231호 (우편번호 10550)
전화 | 031-966-5116
팩스 | 02-6442-2296
이메일 | ybbook1812@naver.com

ⓒ 최욱환, 2025
ISBN 979-11-90946-40-7 (03810)

*책값은 뒤표지에 있습니다.
*이 책은 저작권법에 의해 보호받는 저작물이므로 무단전재와 복제를 금합니다.